钟海青 高 枫 等著

ShouWang BianJiang JiaoYu

GuangXi BianJing MinZu DiQu JiaoYu ZhiLiang BaoZhang Yu TeSe FaZhan YanJiu

守望边疆教育：

广西边境民族地区教育质量保障与特色发展研究

人民出版社

目　录

第四辑　汇集边境民族地区教育发展政策的有关文件

前　言

　　边境地区是一个国家较为特殊的区域,其战略地位非常重要。我国的边境地区大多是少数民族的聚居地区,边境民族地区教育的发展不仅关系到当地各民族经济社会的发展,而且直接对外反映我国的民族政策,关系祖国统一和边疆稳定,关系全国教育发展大局。

　　边境民族地区教育是我国教育事业的重要组成部分,兼有教育工作和民族工作的双重属性。作为一种特殊的教育现象,边境民族地区除了具有与一般教育相同的规律和特点外,还具有自身的特殊规律和特殊性,这种特殊性主要是由边境地区民族工作的长期性、复杂性、重要性和少数民族历史、文化、语言、宗教、居住地域的特殊性赋予的。研究边境民族地区教育现象,揭示边境民族地区教育的特殊规律和特殊性,对于指导边境民族地区教育实践活动,促进边境民族地区教育发展与改革,有着十分重要的意义。进入 20 世纪 90 年代以来,随着国家对边境经济社会发展的高度重视,边境地区教育实践迅速发展,中国对边境教育的研究逐步扩大和深入,先后发表了一批研究论文,并出版了《中国边境民族教育》(中央民族学院出版社 1990 年版)、《东部—西部边境地区教育对口支援发展研究》(广西师范大学出版社 2006 年版)等著作,这些研究成果从不同侧面揭示了边境民族地区教育的基本特点和发展规律。我国对边境地区教育的研究虽然取得了一定的成绩,但研究成果的数量和质量都难尽如人意,研究方法比较单一,研究视野不够开阔,深度也不够,特别是对边境教育缺乏全面系统的多学科观照。

本书采取理论分析和实证研究,围绕质量保障与特色发展两大主题,综合运用教育学、政策学、政治学、管理学以及系统科学等多学科的理论,立足于边境民族地区教育的特殊性,对广西边境民族地区教育发展取得的成绩和基本经验进行理性总结,剖析当前广西边境民族地区教育面临的问题及其原因,创新性地提出相应的有效对策。同时,本书以广西边境民族地区教育质量保障与特色发展为核心,对边境民族地区教育发展的战略意义,以及广西边境民族地区教育发展的政策资源、广西边境民族地区教育发展环境、广西边境民族地区师资队伍的建设机制、广西边境民族地区教育特色发展的路径选择等问题进行深入研究,提出具有可操作性的广西边境民族地区教育发展策略,厘清广西边境民族地区教育质量保障和特色发展的整体理路。

本书是一部理论研究与实践研究相结合的著作,也是我国出版的第一本系统研究边境地区教育的理论著作,具有重要的理论意义和实践价值,它不仅可以丰富我国教育的理论园地,而且对促进边境地区教育发展具有特殊的现实意义。

本书是中央民族大学苏德教授主持的国家社会科学基金“十一五”规划 2008 年教育学重点招标课题“民族教育质量保障和特色发展研究”、广西教育厅厅长高枫教授与广西民族大学钟海青教授共同主持的 2010 年度广西教育厅科研资助项目“广西民族教育质量保障和特色发展研究”的系列研究成果之一。

本书由钟海青教授主持的“广西边境民族地区教育发展的实证研究”(广西教育改革与发展研究重点项目)的研究成果《广西边境民族地区教育改革与发展调研报告》(由钟海青、欧以克、李枭鹰、欧阳常青等撰写)拓展而成。本书是集体劳动和智慧的结晶:钟海青教授统一策划和设计,撰写第一章和第二章;王喜娟撰写第三章和第四章;农正、欧以克撰写第五章;刘前程、欧阳常青撰写第六章;欧以克撰写第七章;蒋珍莲撰写第八章;高枫、蒋珍莲撰写第九章;高枫、欧阳常青撰写第十章;欧阳常青撰写第十一章。全书由欧以克、李枭鹰组织撰写并负责统稿,钟海青教授终审和定稿。

　　本书的撰写和本课题的研究得到了广西教育厅高枫厅长的关心和指导。广西教育厅民族教育处专门下发通知,要求各边境县(市、区)教育局协助课题组做好调研工作。广西那坡县、靖西县、大新县、龙州县、凭祥市、宁明县、防城港市防城区、东兴市、天等县、德保县等县教育局和有关中小学校给课题组予接待和帮助,并提供了许多宝贵资料,为本书的撰写奠定了良好的基础。

　　在撰写过程中,本书参阅了大量的文献资料,有的直接引用有关部分。有的在注释中予以标明,有的可能疏漏,敬请各位专家学者多多包涵。引用各位专家学者的劳动成果,我们表示深深的谢意。

　　本书能够付梓出版,还要感谢黄理彪博士付出的辛勤劳动。

　　由于我们的水平有限,不足之处在所难免,敬请读者批评指正。

课题组

2011 年 3 月 10 日

第一辑　寻绎边境民族地区
教育发展生态

　　教育作为培养人的一种特有的社会现象,同政治、经济、文化传统等社会因素及地理环境有着密切的关系,它既受一定社会的生产关系和生产力发展水平的制约,同时也受到社会文化传统和人口等其他社会因素的制约。如教育目的、培养规格、教育制度、教育内容以及教育的发展速度和规模,无一不受到一定社会,乃至一定社会的某一历史阶段存在的经济基础和政治制度、生产力发展水平、科学文化等各种因素的影响和制约。同时,教育有相对独立性,它具有自身的规律,对社会的政治、经济、文化等各方面具有能动作用。只有正视这些教育生态,才能把握教育发展和改革的规律,教育本身才能得到更好的发展,教育也才能更好地适应政治、经济、文化建设的需要,促进社会的进步。

第一章　质量与特色：民族教育的
　　　　永恒追求

　　中国是一个统一的多民族国家,各民族的共同繁荣与进步,是整个中华民族实现伟大复兴的基础,也是中国建设和谐社会的基石。社会要进步,经济要繁荣,教育须先行。少数民族和民族地区经济社会的发展,各民族共同团结奋斗、共同繁荣发展,离不开民族教育事业的发展。

　　新中国成立后,我国民族教育的发展经历过一些波折,但取得了令世人瞩目的成绩也是不争的事实。六十多年来,党和国家非常重视民族教育的发展,出台了一系列有利于民族教育发展的政策,大力推进民族教育健康有序发展,积极为少数民族和民族地区经济社会发展创造条件。进入21世纪,党和国家审时度势,适时出台的《国家中长期教育改革和发展规划纲要(2010—2020年)》(以下简称《纲要》),更是专设"第九章　民族教育",用了八百多字的篇幅对未来十年民族教育的改革与发展做出了高瞻远瞩的规划,强调要"重视和支持民族教育事业"、"全面提高少数民族和民族地区教育发展水平"。不过,我们也清楚地看到,各民族地区的教育发展水平依然很低,与我国发达地区相比尚存在"系统性"差距,总体上还不能很好地适应各民族地区经济建设与社会发展的需要。这当中的原因是复杂的、多元的,有历史的原因,有社会的原因,有地理环境的原因,还有国际局势不稳定的原因等。

　　今天,探究民族教育落后的深层次原因依然重要,但当务之急是觅出其破解之道,即如何改变民族教育落后的现状,推动民族教育尽快走出困境。对此,《纲要》第九章提出了有针对性的举措:加强对民族教育工作的领导,全面贯彻党的民族政策,切实解决少数民族和民族地区教育事业发展面临的特殊困难和突出问题;公共教育资源要向民族地区倾斜;中央财政加大对民族教育支持力度;促进民族地区各级各类教育协调发展;大力推进双语教学;加强教育对口支援等。但不难看出,这些举措主要是从民族教育系统的外部用力的。若要真正解决民族教育的发展问题,除了强劲的外力推动外,还需遵循民族教育的内在规律,深化民族教育改革,精心培育民族教育特色,全面提高民族教育质量,即全力解决"质量保障"和"特色发展"问题。

质量与特色是当前教育改革与发展的两大主题,也是推进民族教育改革与发展的关键所在。这一点已逐步为民族教育研究者和行动者所认知。由中央民族大学苏德教授主持的国家社会科学基金"十一五"规划教育学重点招标课题"民族教育质量保障与特色发展研究"、广西教育厅厅长高枫教授和广西民族大学钟海青教授共同主持的2010年度广西教育厅科研资助项目"广西民族教育质量保障与特色发展研究"(国家社会科学基金"十一五"规划教育学重点招标课题"民族教育质量保障与特色发展研究"的子课题)等,无疑是这种认识与行动的典型"标志"。这些课题意在从民族教育系统内部去寻找民族教育发展问题的解决之道。事实上,作为在广西从事教育事业的工作者,我们深感"提高质量"和"发展特色"之于民族教育特殊而重要的意义,所以也一贯地如此主张和行动。然而,无论是提高民族教育质量,还是发展民族教育特色,都不是一件容易的事情。相反,作为深刻的理论与实践命题,两者都需要我们解除各种认识上的困惑、清除种种行动上的阻碍。

一、质量是民族教育的生命线

教育质量保障是一个老生常谈的话题,也是一个日谈日新的永恒话题。许多有识之士认为,教育质量如同一个"黑箱",我们很难对其探个究竟,没有人能开出一个可以彻底解决教育质量问题的"方子"。我们姑且不论这种说法是否完全正确,纵然是真的,我们也不能因为教育质量难以把握而有意回避。回溯历史,教育因满足社会和人的发展需要而诞生、发展和存续,同时教育也因为满足了社会和人的发展需要,其功能和意义才获得释放和彰显。可以说,质量是教育的生命线,没有质量的教育,即便它的数量再多,也没有多少实质性的意义。

民族教育是整个国家教育的有机组成部分,质量保障与教育发展之间的内在关系原理自然也适用于民族教育。我们坚信:质量是民族教育的立足之本,是民族教育的永恒追求。民族教育的质量高低与否,不仅关系到民族教育自身的生存与发展,也关系到民族地区经济、社会的建设与发展。然而,今天我们究竟该如何理解民族教育质量抑或教育质量? 毫无疑问,这是一个带有本位性的命题,是讨论民族教育质量保障、推进民族教育改革与发展必须先回答的问题。作为一个特殊的哲学命题,人们对教育质量及其判定长期以来没有形成共识,事实上也难以形成共识。之所以如此:一是民族教育质量的判定是一个基于事实判断的价值判断过程,即对教育满足不同主体需要的价值判断。由于不同教育主体的需要各异,人们关于民族教育质量的认识难免林林总总。二是不同的主体评判民族教育质量的维度或角度不同。民族教育系统外往往用民族教育满足社会需要来评价,民族教育系统内通常用民族教育促进人的发展来衡量,不同的角度得出不同的结论。三是不同的主体评判民族教育质量时所关注的重点不同,有的关注质量的本质,有的关注质量的外在表现,有的关注质量过程,有的关注质量结果。

难以形成共识不等于完全没有标准。民族教育质量是难以把握,但从一般意义上解读它是有可能的。因为无论是什么人或从哪个维度评价,抑或评价所关注的重点为何,民族教育质量首先"代表某种标准",同时本身也必须"符合某种标准"。比如,从发生学或起源的角度看,包括民族教育在内的教育源于人的社会需要和人的自身发展需要的辩证统一(个人的需要和社会的需要是共性与个性的关系,彼此有一致的方面,也有矛盾的方面)。从这个意义上说,民族教育质量集中表征为满足少数民族和民族地区经济社会显现的和潜在的需要能力的特性,最终体现在少数民族的培养质量上。鉴于民族教育的特殊使命,其质量首先表现为满足少数民族和民族地区经济社会的发展需要的能力,其次才是对其他地区个体和社会教育需求的满足。民族地区的教育需要主要聚焦于以下两方面:一是民族地区经济、政治、文化、科技等的发展需要,二是民族地区人口素质提高的需要。可以说,民族性和地方性是民族教育的基本特征,民族教育目的的确立、教学内容的设置、教学方法的选择等都要根基于这一基本特征。比如说,广西是以壮族为主的自治区,有八个县(市、区)处于中、越边境。这种地方性、民族性、边疆性赋予了广西教育以特有的使命,而且也规定着广西教育改革与发展的目标和路径选择。当我们评判广西的教育质量时,抑或言及广西的教育改革和发展时,必须时刻抓住"地方"、"民族"和"边疆"等关键词。但长期以来,我们经常忽视甚至无视这些特性,习惯于用衡量发达地区教育质量的尺度丈量广西教育的质量,迷恋于简单移植发达省区的教育发展模式,致使广西的教育脱离实际,逐步与发达省区"合流",距离特色办学越来越远。但是,这并不是说广西的教育没有自己的特色。事实上,与全国其他边境省区相比,"广西边境民族地区的教育是相当有特色的",中央民族大学的苏德教授在考察了全国各边境地区的教育后如是说。

除了从一般意义上理解民族教育质量外,我们还可以从以下维度考量民族教育的质量问题。第一,衡量民族教育质量的"基本标准"是国家的教育目的和各级各类学校的具体培养目标。前者规定了受教育者的一般或最低质量要求,也是教育的一般或最低质量要求;后者规定了受教育者的具体质量要求,是衡量人才是否合格的质量规格。第二,民族教育质量是由多种质量构成的集合体:既表现为有形也表现为无形;既体现明确的需要又体现隐含的需要;既反映个体价值也反映社会价值与知识价值;既是内适质量又是外适质量;既有产品质量又有过程质量等。第三,民族教育质量是一个与"民族教育"相关的概念,更是一个与具体的"学校"相关的概念。换言之,民族教育质量是民族地区的学校最有价值的资源,它影响和决定这些学校的生存状态、发展潜力以及社会声誉。第四,民族教育质量是一个动态的、发展的概念,在不同的时空条件下,考量它的标准应适时作出相应的调整。

清楚了民族教育质量的内涵,还需进一步把握影响或制约民族教育质量的因素。如果将民族教育看成一个系统,那么民族教育系统的内外部所有因素都会对民族教育的质量存在或多或少的影响。当然,我们无法穷尽这些因素,只能凭经验做这样的列举:招生规模、专业设置、教师投入的时间和精力、学生投入的时间和精力;教学质量、学习质量和管理质量;教育制度、教学计划、教学内容、教学方法、教学组织形式和教学过程等的合理程度;教师的教养,学生的基础以及师生参与教育活动的积极程度;家长的职业类别,家长的文化程度,家庭的经济状况,家庭的自然结构,家庭的氛围和家长的期望水平等;社会的发展水平、社会的文化系统、社区的现实状况、各种集团和团体的影响;等等。毫无疑问,各种不同的因素对于民族教育质量的影响是不同的,有些因素起主要作用,有些因素则起次要作用,但各因素的影响是相互关联的,彼此相互制约,又相互支撑、相互促进。推进民族教育改革和发展,既要高度重视那些对民族教育质量起核心作用的因素,又不能忽视那些对民族教育质量起支撑或干扰作用的因素。概言之,民族教育的质量保障是一项复杂的系统工程,需要充分考虑民族教育系统内外各种因素的影响,并处理好彼此之间的关系。

民族教育的质量保障依凭于理性的办学行为,不仅要遵循教育的一般规律,还要遵循民族教育规律,即牢牢抓住民族教育的特殊性,比如把民族教育的内容、方法等与相应的民族特点和民族形式有机结合起来。总体来看,民族教育的特殊性是民族地区工作的长期性、复杂性、重要性和少数民族历史、文化、语言、宗教、居住地域的特殊性赋予的,而这些正是民族教育质量保障必须考虑的内容。

二、特色是民族教育的应然使命和实然选择

对于民族教育的改革与发展而言,"特色发展"是一个跟"质量保障"同等重要的问题,在某些特殊的时空背景下可能更为重要。发展特色不仅是民族教育的一种"应然使命",也是民族教育的一种"实然选择"。从国家兴办民族院校的目的来说,作为中国共产党解决中国民族问题的一个伟大创举,民族院校主要是为少数民族和民族地区服务的。这种特殊的使命决定了民族院校或民族高等教育,必须围绕"民族性"培育和发展自己的特色。从民族院校的自身发展来说,走特色发展之路是一种符合实际的理性选择。

　　从国际经验看，一所高校要在激烈的竞争中立于不败之地，主要有两条基本途径：一是提高学校的综合办学实力，以整体优势取胜；二是培育和发展自己的特色，以局部优势取胜。从综合实力来看，我国民族院校与国内绝大多数高校相比，整体上还处于劣势，唯有做好"特色"这篇文章，满足少数民族和民族地区的特殊需要，才能屹立于高等教育之林。回溯民族高等教育六十年的发展历程，我们在特色发展问题上曾经有过分歧，有过质疑，还有过迷失。但是，令人欣慰的是：当下人们已普遍认识到培育和发展特色之于民族高等教育乃至整个民族教育的特殊意义，不少有识之士还不辞劳苦地潜心于民族教育特色发展的理论研究和实践探索。

　　质量与特色相互关联，但彼此又相互区别，并非同一范畴。首先，在某种意义上说，质量和特色都是一种基于事实判断的价值判断，两者的判定标准都是多元的、发展的、相对的。但质量和特色各自强调的重点和彰显的品性不同：质量主要彰显的是水平、满足需要的程度；特色主要彰显的是个性，是一事物区别于其他事物独具的标志，集中表征为差异或多样化，"与众不同"是其最显著的特征。特色与质量有相通之处，但特色不等于质量，那种低水平的"人无我有"的特色是不能反映质量的特质的，只有那种"人有我优，人优我强"的特色与质量具有同质性。亦即说，有特色不一定有质量，只有那些高水平的特色才称得上质量。

　　就民族教育而言，当下人们最关心的问题是：我们的民族教育是否有特色抑或民族教育距离特色还有多远？如何发展特色鲜明的民族教育？对于第一个问题，答案是昭然的，我们从民族地区的学校或我国的民族院校就可以窥见一斑。但也不可否认，当前各民族地区依然存在各种"去特色"的办学行为，像各民族地区创建的大批示范学校（表征为对发达地区示范学校的简单模仿）就是一种扼杀办学特色或办学个性的行为。而第二个问题正是我们当下需要探究的，也是人们最期待获得答案的问题。

　　特色具有开放性和发展性，即特色是分层次的，品位有高低之分。学校的办学特色不能停留在低水平的"人无我有"的状态，而应不断提升自己的品位，继续追求高水平的"人有我优，人优我强"的境界，进而为学校的发展搭建新的、更高的舞台。以大学的学科发展为例，根基于基础学科的特色学科,必须设法继续发展成为优势和品牌学科,然后回过头来又反哺于孕育它的基础学科,继而为基础学科的发展搭建更高层次的平台,如此周而复始地推动大学的学科"大系统"整体发展。近些年来,广西民族大学根据"民族性、区域性、国际性"的办学定位,按照"根植基础→形成特色→提升优势→铸造品牌→反哺基础"的超循环机制,积极推进特色学科建设与发展,取得了斐然的成绩。目前,广西民族大学已形成亚非语言文学、民族学、中国少数民族语言文学等特色学科。以亚非语言文学为例,学校以 20 世纪 60 年代设立的越南语、泰国语等专业为基础,利用与东南亚国家相邻相近的区位优势以及改革开放带来的机遇,积极发展以东南亚语种为核心的非通用语种学科专业,现已设有越南语、老挝语、泰国语、缅甸语、柬埔寨语、印尼语、马来西亚语 7 个专业,学校成为全国开设东盟语种最齐全的高等学校,成为广西"东盟语种指定培训机构"和"东南亚非通用语种翻译人才培养基地"。学校的越南语、泰国语、老挝语专业已形成品牌,老挝语和柬埔寨语专业已列入全国同专业 A++等级。与此同时,广西民族大学的对外汉语、旅游管理、国际贸易和物流管理等涉外专业通过开设越南语、老挝语、泰国语等课程,注入了新的血液,也得到了前所未有的发展。不难看出,广西民族大学的亚非语言文学是在学校的外国语言文学中培育而成的,但现已成为学校外国语言文学所有学科专业的领头羊,同时还将自己的优势和特色辐射到经贸商旅等学科专业,丰富了这些学科专业的内涵,创新了人才培养模式。广西民族大学精心培育的亚非语言文学学科,推进了学校东南亚语种专业的整体发展,改变了学校的办学格局,突显了学校的办学特色,增强了学校的办学优势,形成了学校的办学品牌,推进了学校的国际化办学进程,为学校的可持续发展提供了强有力的保障。

民族教育特色的培育和发展有其内在的规律与机制。从以往的经验看,竞争乃特色生发之源。用今天的话说,学校的办学特色源自市场竞争的充分性,只有建立健全的市场竞争机制,才能产生办学特色和人才培养特色。不然的话,就算我们整天大谈特谈"特色办学"或"以特色取胜",也难以真正"办出特色"和"发展特色"。在美国,很少有高校专门谈论办学特色问题,高等教育研究者也没有提出什么高深的高等教育特色化理论,但美国的所有高校都有自己的特色,因为那些没有特色和个性的高校早已在激烈的市场竞争中被淘汰出局。反观国内的高校,由于缺乏健全的市场竞争机制,办学"趋同现象"异常严重。几乎所有的高校都想办成"大而全"的综合性、多学科性大学,都千方百计地争取办学层次的提升,都朝着向研究型、教学研究型大学规划和发展,甚或还在畸形地迎合社会需求,或成为某些经济组织的"附庸"。从这个意义上说,要从根本上解决办学趋同和特色缺乏问题,首先要在办学和运行过程中引入统一、开放、竞争、有序的市场竞争机制。其次,学校自身要结合实际、科学定位,通过差异化、错位发展孕育自身特色,即综合考虑社会发展的需求、相关学校的状况以及自身具备的优势等因素,准确定位学校的办学类型、办学层次、学科特点和服务面向等,以此为基础发现特色、建设特色和发展特色。

三、质量保障与特色发展是民族
教育改革与发展的两大主题

无论是在民族教育的哪一个层次、哪一个阶段,我们都应该牢牢把握这两大主题。民族教育的"质量保障"与"特色发展"是密切关联的,二者均不可被忽视,也不可偏废。作为具体的办学实体,学校如何发展特色与提高质量?从学理上讲,质量保障与特色发展都是系统性的,学校的办学理念、办学定位、战略选择、学科专业设置、课程教学、校园文化等都与之密切关联,都是学校提高教育质量与发展特色的着力点。

民族教育的质量保障与特色发展是复杂的,是一个长期的、逐步推进的过程,不可能一蹴而就,而且需要诸多条件的支撑,尤其是科学的管理体制不可或缺。就我国的高等教育而言,目前存在过度行政化问题,学校难以充分享受法定的办学自主权,这对质量保障和特色发展无疑是一种屏障,需要引起注意并设法加以解决。同时,行政化问题在学校内部也存在,学术权力与行政权力之间关系的协调依然任重而道远。

民族教育的质量保障和特色发展都是有条件的,绝不是也不可能是建立在一片"文化沙漠"上的大厦。正因为如此,每一所学校要从实际出发,处理好需要与能力、客观规律与主观愿望等之间的关系,要立足于民族地区经济社会发展的特殊性和历史使命,积极创造条件,大力推进民族教育改革与发展,精心打造高质量的、特色鲜明的民族教育。

第二章　时代与召唤:边境民族地区
教育发展的背景透析

　　边境地区是一个国家比较特殊的区域,其经济社会发展状况关乎一个国家国际形象的打造,关乎边民国家优越感和民族自豪感的建立,关乎边民爱国意识、国防意识、领土主权意识的形成,关乎整个国家的稳定、团结乃至和谐社会的构建。漫长的国境线决定了中国拥有庞大的边境地区,而由于我国边境地区多为少数民族的聚居地,边境地区与民族地区具有极大的同一性,又决定了边境民族地区在我国的特殊地位。可以说,边境民族地区不但是捍卫国防、维护国家稳定的重要地区,更是促进各民族大团结、各民族共同繁荣的关键。正因为如此,我国十分重视边境民族地区的发展,尤其是近十年来,国家先后推出了兴边富民、边境大会战、西部大开发、安居工程、国门教育等一系列重大项目,积极推进边境民族地区的经济社会发展。以广西壮族自治区为例,为了切实落实国家的“兴边富民”行动计划,自2000年以来广西先后实行了三次大会战来改善边境民族地区基础设施状况。这些政策与措施的推行使得边境民族地区的状况发生了巨大变化。但由于边境民族地区的落后状况是长期历史积累所形成的痼疾,总体上看来我国边境地区的社会发展水平仍然还很低,万里大陆边境线上仍有边民居住在茅草房,生活条件异常艰苦,生活质量亟待提高。据广西壮族自治区政府扶贫办2008年提供的信息显示:广西与越南边境线上的8个县(市、区),离边境线三公里范围内的区域贫困率高达36%,高出广西平均水平29.2个百分点。

　　可见,发展边境民族地区仍是一项长期而艰巨的任务。而探讨如何发展边境民族地区这个问题时我们就不得不提到教育了。当今时代,教育是民族振兴的基础,要发展经济,必须重视发展教育。发展边境民族教育是改变边境民族地区贫穷落后状况的内在动力。这不但是我国发展边境民族教育的一项基本理念,更是世界多个国家日渐形成的共识。广西作为我国的一个重要的边境民族自治区,共有 8 个边境县,对于发展边境民族教育事业负有不可推卸的责任。而当前的国际和国内环境已为广西发展边境民族地区教育创造了营造了良好的氛围,为广西进一步推进边境民族教育事业的发展提供了良机。抓住机遇,发展教育,是广西发展边境民族教育的关键。

一、边境民族地区教育发展的国际背景

边境地区作为国家的门户和窗口,其教育事业的发展状况是国家整体教育状况乃至综合国力的直接体现,反映着国家的形象。随着和平与发展成为世界的主旋律,作为边境地区经济社会发展的基石,边境地区的教育事业自然越来越受到各国的重视。考察广西周边多个国家发展边境地区教育的措施与状况,我们不难发现这些国家日益重视边境地区的教育,而这也是广西边境民族教育发展的重要推力。

近年随着综合国力的提升,越南不断加强对于边境地区教育的投入力度,努力改善边境地区基础教育,发展边境地区人力资源。越南边境地区的基础教育分为普通教育和民族教育两种。针对两种教育的不同情况,越南采取了不同的措施来发展边境地区教育。普通教育分为小学六年制、初中段三年制。初中段的少数民族学生实行减免优惠政策,即免课本费、学杂费,吃穿费用自理。在招生录取上放宽,给予照顾 2 分(越南实行的是 10 分制)。而民族教育。又称"民族普通基础学校",学制为九年制,即从小学到初中。"民族普通基础学校"的入学条件比较严,必须是少数民族或是民族干部、革命功臣、烈士、身残军人及民兵家庭的子女。在校学习期间,享受政府给予的全免费"特殊待遇",另外每个学期每位学生还享受国家助学金 12万越盾,学业完成后照顾 2 分选拔到省办的"民族高中学校"学习,享受全免费教育。高中毕业后。经过选拔到更高一级的全免费"民族预科学校"

学习,然后直升大学,大学期间享受减免费教育。① 同时,越南也很重视边境地区教师的待遇问题,在中越边境一线上越南的师资待遇要高于中国边境地区。

缅甸也非常重视教育对中缅相邻地区经济社会的作用,出台了一系列倾斜政策,连中国学生进入其地就读也在受惠之列;而老挝虽然教育投入不足,但教育准入制度灵活多样,吸引了许多国际非政府组织兴办义学,对边民也有相当大的吸引力。

周边国家发展边境地区教育的政策与措施,对于我国边境民族地区的发展来说,无疑具有巨大的推动作用。凭借得天独厚的地域优势,我国边境民族地区可以与周边国家更好地开展教育领域的合作与竞争,这种良性的互动过程必然会给予我国边境民族地区带来强烈地推动和刺激,推动各级政府更为关注和重视边境民族教育,从而更好地维护我国的国门形象,同时也有利于我国树立良好的国际形象。

二、边境民族地区教育发展的国内背景

高度重视边境民族教育一直是我国民族工作以及教育工作的重要内容。自新中国成立以来,我国从中央到地方都十分关注边境民族教育。国家民委、教育部,以及各省、自治区等都着力采取各种政策与措施来推动边境民族教育的改革与发展。

为了切实改善和提高边境民族教育的质量和水平,国家民委、教育部等中央部委先后制定了诸多的政策与措施来。其中,现阶段影响较大的乃属国家民委倡议发起的"兴边富民"行动,该行动受到党中央、国务院的高度重视,自 2000 年至今已给我国边境民族地区带来了巨大的发展机遇,边境民族地区的教育状况和水平也随之发生了极大改善。目前国家已经开始部

---

① 参见黄伟生:《越南促进边境地区经济社会发展的政策及其对我国的启示》,《学术论坛》2008 年第 11 期。

署和规划"兴边富民"行动的"十二五"规划,力图巩固和扩大已经取得的成果,并进一步推行它向纵深发展。

国家教育部作为我国教育行政主管部门,历来十分重视边境地区教育事业,将之摆在优先发展、重点发展的战略地位。尤其是在实施兴边富民行动的 10 年时间里,教育部在政策导向、项目支持和资金分配等方面向边境地区倾斜,彻底改善边境地区的教育状况。10 年来,教育部制定了一系列优惠政策,通过国家教育专项工程实施、中央财政扶持教育重点、公共教育资源分配等向边境地区倾斜,着力支持边境地区发展基础教育和中等职业教育,加强教师队伍建设,特别是重点支持西藏、新疆发展民族教育事业,有力地促进了边境地区教育事业的发展。例如,在寄宿制工程方面,2007—2009 年实施西部地区农村寄宿制学校建设工程,支持内蒙古等 8 省区、兵团的 94 个陆地边境县中央专项资金 9.58 亿元,建设学校 563 所,建设校舍面积 118 万平方米,满足了 14 万学生的寄宿需求;在初中工程方面,2007—2009 年实施中西部农村初中校舍改造工程,支持 66 个边境县中央专项资金 6.54 亿元,批复项目学校 194 所,批复建设面积 52.62 万平方米,预计可满足 7 万多名学生的寄宿需求;在特教项目方面,2008 年、2010 年实施中西部地区特殊教育学校建设,对内蒙古等 5 省区边境县(地)特殊教育学校给予了支持,安排中央专项投资 5300 万元,建设学校 15 所(新建 11 所,改扩建 4 所),建设校舍 55156 平方米,基本解决了区域内无特殊教育学校或办学条件较差等问题。

而为了大力推动边境县教育事业的进一步发展,2009 年,教育部与国家民委在内蒙古呼和浩特市召开了全国边境县教育事业发展研讨会,交流、研讨边境县教育事业发展的有关问题,提出促进边境县教育事业发展的政策措施。此次会议提出在 2020 年前民族地区教育,特别是边境县的教育水平要与全国齐平,同时要超过周边国家的教育水平。2010 年,民建中央《关于解决边境少数民族地区教育问题的提案》也明确指出目前我国边境民族地区教育还比较落后,建议进一步改善边境中小学校舍状况,提高边境民族地区的教育补贴,重视发展边境民族地区职业教育等。

在"兴边富民"行动中,我国的许多边境省、自治区,在发展边境民族教育的过程中也形成了一些自己的特色与经验。例如,云南省在"兴边富民"行动中就十分重视强化边境民族地区的教育改革与发展,实施了"三免费"教育,即采用边境建设事业补助费实施"三免费"(免教科书费、杂费、文具费)教育,范围从 2000 年边境沿线村委会的 13 万名小学生扩大到 2004 年边境沿线所有乡镇、7 个人口较少民族和藏区的 408626 名贫困中小学生,经费由 1800 万元增加到 7263 万元。2005 年,边境"三免费"教育纳入了国家实施的"两免一补"范围,同时,提高寄宿制、半寄宿制学校学生生活补助标准。为边境地区经济社会发展相对滞后的布朗族、基诺族等 14 个少数民族在昆明举办大中专班等,为边境地区的稳定和发展提供人才支持打下了基础。从 2011 年起,云南省又将优先支持 25 个边境县小学标准化建设、建立地区职业学校和高质量的高校,提升边境、民族地区教育水平被提上云南教育工作的日程。而《云南省中长期教育改革和发展规划纲要》也提出,要着力建设"国门学校",增加投入,全面改善边境、民族地区教育办学条件差、教育质量低的状况;要完成边境口岸中小学、幼儿园的标准化建设,优先支持 25 个边境县的 117 个边境沿线乡镇中小学校标准化建设;适当提高边境县义务教育阶段学生生活费补助标准;增加边境县双语教学专项经费;建立开展勤工俭学、帮困助学的长效机制,动员社会各方力量帮助边疆地区的贫困学生。内蒙古自治区也力推优先支持发展民族教育事业,先后实施了校舍安全工程、现代教学设备配备工程,改善民族学校的软硬件环境明显改善;整合优化教育教学资源,进一步完善"两免一补"政策,巩固"两基"达标成果,改善教学质量等。辽宁省先后投入资金 4 亿多元,扩建、改造和新建中小学校舍;省政府投入专项资金,扶持宽甸满族自治县职教中心建设;投入专项资金新建朝鲜族中学,丹东边境地区学校教育基础设施和教学设备有了较大改善,教学质量有了新的提高。

总的说来,从国内环境来看,从中央到地方各级政府部门都在致力于改善和提高边境民族教育。国家的相关政策措施已经为边境民族教育进一步的改革与发展提供了良好的政策环境,而各省、市、自治区发展边境民族教育的措施,则可以为其他边境民族地区教育发展提供某些借鉴或参考。这些可以说都是我国发展边境民族教育的重要资源和有力保障。

三、广西发展边境民族地区教育时不待我

作为我国一个拥有庞大少数民族人口的边境民族自治地区,广西虽然在实施"兴边富民"行动的过程中已经取得了显著成效,边境民族地区的教育状况已经有了极大改善,但问题却仍很严重,广西进一步深化发展边境民族教育的任务仍十分迫切。发展边境民族教育仍是广西当前乃至今后教育领域的一项重要工作。

可以说,在当前的状况下,广西拥有着发展边境民族教育难得的机遇,但同时也面临着严峻的挑战。所谓机遇,主要是指随着近年来国家和地方大量人力、物力和财力的投入,边境民族教育明显改善:全面落实了义务教育经费保障政策,农村义务教育经费逐年增长;"兴边富民"和"边境大会战"工程的实施惠及教育,国门教育形象得到大大改善;实施"普九"攻坚计划,义务教育逐渐趋于均衡发展;启动教师"安居工程"或教师"周转房"工程,教师生活条件得到改善;贫困生资助体系逐步完善,贫困生受益面日益扩大;教师队伍素质整体提高,教学质量不断提升等。这些可以说已经为边境民族地区的进一步发展奠定了良好的基础,边境民族教育已经具备了进一步改善和提高的能力。但同时边境民族地区的教育总体上还很落后,如"普九"巩固与提高还有待加强,寄宿制学校辅助措施有待改善,城乡学校办学条件差距大,学校硬件设施不足,教师培训经费匮乏,教师老龄化趋势明显,音体美等特殊专业教师严重匮乏,农村教师住房条件差,教师福利待遇低且工作压力大等。这些问题又表明发展边境民族教育依然任重而道远,需要全社会的支持和帮助,需要边境地区人民付出不懈的努力。

那么,在这样的机遇与挑战之下,广西应如何抓住机遇,迎接挑战,推动边境民族教育迈上新的台阶? 在这里有几个关键性的问题需要予以关注和重视。

首先,兴办教育,经济是基础。政府要从新一轮的国家安全战略高度,即"立足于以经济社会发展安全为主,以军事安全为辅助",关注、支持和帮

助边境地区发展社会经济,为边境地区发展教育奠定物质基础。具体而言,要确立边境地区教育发展水平高于内地的宏伟目标,引领边境地区教育走出困境、实现超越;将边境地区教育的投入纳入国家和地方的发展规划,政府公共教育资源向边境地区倾斜;改革财政拨款体制,边境地区的教育投入由"以县财政投入为主转变为以省财政投入为主",同时教育主管部门要加强对边境地区教育的宏观指导和统筹管理;加大对边境地区教育的财政投入,确保教育经费投入随财政收入增加而增长;设立边境地区教育专项补助经费,诸如基础教育专项资金、中小学危房改造工程补助款、改善中小学办学条件补助费、职业技术教育补助费、师范教育补助费、中小学信息化教育专项补助资金、边境地区中小学津贴、教师培训专项资金等;青少年校外活动场所建设、对口支持农村薄弱学校建设、教育科研立项等教育资助项目,优先照顾边境地区;等等。

其次,发展教育,教师是关键。要不遗余力地加强边境地区师资队伍建设,诸如实施边境地区教师特殊补贴政策;率先在边境地区实施教师安居工程,解决教师住房困难问题;及时补充英语、体育、音乐、美术、信息技术、少数民族语言等特殊专业教师;通过完善边境地区优质师资引进和留用政策、农村中小学教师特岗计划、优秀师范生定点免费培养、全区特级或优秀教师边境支教、园丁工程人选边境支教等,确保优质教师资源率先流向边境学校,服务边境学校;完善激励措施鼓励和支持内地优秀教师到条件艰苦的民族地区任教,做到"下得去、留得住";不断完善校长、教师培养、培训和交流制度,持续提高教师素质;等等。

再次,秉承传统,开创未来。支持和帮助少数民族地区和边境地区发展教育事业,是党和国家一贯以来的政策。过去,中央对"直过区"采取特殊发展政策,有力地促进了边境地区教育的均衡发展。"直过区"政策是我国民族工作的一项伟大创举,是解决特殊地区、特殊民族发展的成功范例。20世纪50年代初,国家对边境地区尤其是"直过区"实施了许多优惠政策:设立"直过"经费;制定"直过区"扫盲规划,对初、高中生提供助学金,对大中专学生采取保送培养;大力发展教育和科学文化事业,实行税收减免,传播内地农业技术经验;国家设立民族教育专项补助经费,选送优秀民族干部到高等院校学习深造等。但"文化大革命"否定了"直过区"的特殊性，中止了"直过区"的许多特殊政策，党的民族工作遭到了严重挫折。直到现在，"直过区"的许多特殊政策没有得到恢复。随着社会主义市场经济体制的建立，对"直过民族"的许多优惠政策已逐步弱化和失效。解放初期，新中国可谓百废待举，在经济实力很差的情况下，尚能给予直过民族那么多的关怀和帮助。现如今，我们国家的实力已今非昔比，更有条件对直过民族进行帮助，中央和地方政府理应加大对边境地区教育的倾斜力度，推动教育均衡协调发展。广西在发展边境民族教育的过程中应该立足于传统，从过去成功的经验与措施中汲取养分，制定出合乎地方需要且行之有效的政策措施，同时要保证教育政策措施具有延续性，这样可以节省教育资源，避免不必要的教育浪费。

正如我们所熟知的，边境民族教育的发展是国家发展民族经济、巩固民族团结、维护边疆稳定的重要内容，是构建和谐社会的基础和内在要求。但发展边境地区教育是一项特殊而复杂的系统工程，仅仅靠加大政府投入是远远不够的，还需要社会各界的大力支持，才能走出困境和实现超越。因此，广西在发展边境民族教育的过程中，不但政府各相关部门要倾力而为，还需要广大边民乃至社会各界的主动参与和支持。这样有利于推动边境民族教育的可持续发展。

第三章 利益与使命:边境民族地区 教育发展的战略意义

　　中国幅员辽阔,960 万平方公里的国土面积决定了中国必然拥有漫长的国境线且与多个国家毗邻。粗略算来,中国的陆上边境线约有 22800 公里,共有 15 个国家与中国接壤,即:东部的朝鲜,南部的越南、老挝、缅甸,西南的印度、不丹、锡金、尼泊尔、巴基斯坦和阿富汗,东北的俄罗斯,西北的塔吉克斯坦、吉尔吉斯斯坦和哈萨克斯坦等,北部的蒙古。边境沿线分布着 9 个省(自治区)的 135 个县(市、旗),其中 107 个县是民族自治地方,这些民族地区分布在 19000 多公里的边境线上。在漫长的边境线上居住着 30 多个跨境少数民族,占我国少数民族总数的 3/5 左右①。有一些少数民族甚至是跨境居住的,例如苗族、傣族、俄罗斯族、蒙古族、朝鲜族等。可以说,边境民族地区在我国占据着举足轻重的双重地位,它既是直接维系国防安全与稳定的关键地区,同时也是国家践行民族政策的重要场域。

　　众所周知,边境是一个国家的门户和窗口,它直接反映着一个国家的形象和发展状态,也直接影响着邻国对其的直观印象。因此,边境地区社会经济、文化和教育的发展状况,关涉着一个国家的国际形象,关系着边民的国家优越感和民族自豪感的确立,关乎着国家的安定、团结以及和谐社会的建设。同时,中国是一个由多个民族构成的统一的社会主义国家,社会主义国家的性质及其平等、团结、互助的民族关系决定了我们必须把促进各民族的团结进步与共同繁荣作为重大战略任务。我国的少数民族大多聚集在边境地区,处于维护国家统一、反对民族分裂和保障国家安全的最前线,战略地位非常

---

① 参见格桑顿珠:《云南边境民族地区发展与稳定初探》,《中国民族》2002 年第 2 期。

重大。可见,边境民族地区的繁荣和发展对于国家的安定和发展十分重要。

而边境民族地区的团结统一和繁荣进步,例如各民族平等权利的保障、民族地区经济和社会事业的发展,以及各民族边民自身素质的提高等,与教育事业的发展密不可分。但反观中国边境民族地区,除了少数一些口岸小城市以外,绝大多数地区仍属发展程度较低的民族贫困地区。由于这些地区经济社会发展始终较为落后,致使其教育发展水平远远落后于沿海和内地地区且差距还在不断拉大。这种状况对于我国边疆稳定、民族团结、经济发展、人才培养是非常不利的。要改变现状,就必须大力发展边境民族地区教育,只有这样才可能彻底改变边境民族地区的落后面貌,缩小其与内地之间的差距,提高边民的生活水平,维护边境地区的民族团结和社会稳定。因此,发展边境民族地区的教育事业,对于国家、边境地区乃至边民自身来说,具有极大的意义和价值。

一、发展边境民族教育是巩固国防的战略需要

巩固国防是保证国家领土安全的关键,而这就需要把边防建设成为坚不可摧的钢铁长城。为此,除了要加强边境地区的军事力量及重视边境民族地区的经济文化建设外,还应该将教育摆在重中之重的地位。

(一)发展边境民族地区教育,有利于帮助边民形成正确的世界观、人生观和价值观

世界观、人生观和价值观规约和影响着人们的思想和行为,边境民族地区通过发展教育,引导广大边民形成正确的世界观、人生观和价值观,强化边民的国家认同和国防意识,提高边民保卫国防的自觉性和主动性,这是巩固国防、维护国家统一和民族团结的关键一环。

我国边境民族地区边民的价值观念总体上是积极向上、值得肯定的,而通过发展教育,可以帮助边民更加明确个人与国家的关系,明确个人对于国家的安定与稳定应该担负的责任。因此,加强边境民族地区教育,可以促使

广大边民更加热爱祖国,热爱边疆,关心国家和边疆的改革与发展,形成强烈的社会责任感和使命感。同时,由于边境地区主要是少数民族聚居地区,将民族团结与维护祖国统一教育相结合,在学校中加强民族团结教育,可以进一步促使党的民族理论和民族政策、国家法律法规进课堂、进教材、进头脑,帮助边民更为深入地了解国家相关的民族政策和宗教政策,引导广大师生牢固树立马克思主义祖国观、民族观、宗教观,不断夯实各民族大团结的基础,增强中华民族凝聚力。

(二)加强边境民族地区教育,有利于维护民族团结、巩固国防安全

边境民族地区往往是宗教活动较为盛行的地方。境外民族分裂分子和国际反华势力常常把民族和宗教问题作为"西化"和"分化"我国的突破口,国内民族分裂分子也常常蓄意挑起民族宗教事端,向广大教众宣扬所谓的"教徒破坏论"、"民族独立论"等,借此开展危害国家安全与稳定的活动,企图破坏民族团结和国家统一。这样的现实状况,要求我们从维护民族团结和国家统一的大局出发,切实认识到大力发展边境民族地区教育的重要性、迫切性和艰巨性,通过加快发展边境民族地区教育事业,用科学文化知识来武装边民的头脑,增强广大边民的科学认识,帮助边民洞察敌对分子的不良用心,防止宗教狂热,从而避免边民被境外敌对势力利用和误导,明确反对任何形式的民族分裂主义斗争,有效地维护民族团结、国家统一与稳定。

坚固的国防不仅需要强大的军事武装,更需要广大边民自觉主动的维护与支持。因此,重视发展边境民族地区的教育势在必行。

二、发展边境民族教育是建设和谐社会的必然追求

和谐社会是我国多年来不懈追求的目标。当前我国的社会发展总体上是和谐的,但在多年的发展过程中也形成了一些不利于社会和谐的问题和矛盾,例如城乡、区域、经济社会发展不平衡;就业、社会保障、收入分配、教育、医疗、住房、安全生产等方面关系群众切身利益的问题比较突出等。这

些问题在边境民族地区尤为明显,边境民族地区在经济、教育、边民生活水平等诸多方面都与内地和沿海地区存在较大差距,边境民族地区无疑是我国构建和谐社会的关键之地。

要谋求和谐社会,必须重视边境民族地区的发展,而首先需要关注的就是当地教育的改善与发展。因为和谐社会的理念要求边境民族地区必须改变传统的粗放型发展模式和发展理念,优化经济与产业结构,认真贯彻落实科学发展观,统筹城乡发展,统筹区域发展,统筹经济社会发展,统筹人与自然和谐发展,统筹国内发展和对外开放。要切实践行上述理念是离不开科学技术与人文关怀的,而这些又都与教育密不可分。因此,"以科技强边,以教育兴边"是边境民族地区发展的必由之路。进入 21 世纪后,和谐社会的理想给予我们前所未有的发展机遇和挑战。在这样的时代契机下,加大对边境民族地区教育的扶持和发展力度,彻底改变边境民族地区教育落后的状况,促进地域间协调发展,改变边境地区与内地发展不均衡的状况,对于确保我国经济社会全面协调可持续发展可谓裨益良多。

三、发展边境民族地区教育是实施
科教兴国战略的理性选择

在 21 世纪激烈的国际竞争中,科技是核心,人才是关键,教育是基础,教育已经成为民族振兴的重要基石。为此,我国果断地实施了科教兴国这一重大的战略决策,同时将教育放在了优先发展的地位,以期通过大力发展教育来为国家培养更多的人才,提高国家整体的科技势力和民众的科学素养,以科技和教育强国。在这样的政策引导下,科教兴国战略已经广为深入民心,全社会日益重视科技和教育对于经济和社会发展的重要作用,力图以科技和教育的力量来推动国家社会经济健康、持续、快速的发展。

为了有效地实施科教兴国战略,我们必须高度重视我国整个教育事业的协调发展。边境民族地区的教育是我国整个教育事业的重要一部分,但由于长期以来发展较为滞后,边境民族地区教育发展的总体状况落后于整

个国家教育事业的发展,成了影响和制约我国整体教育水平和质量的重点所在。要从整体上提高我国的科技和教育水平,实施科教兴国战略,就必须大力发展边境民族地区的教育。这样既可以保证和促进边境民族地区经济与社会的发展,也可以较好地推动社会主义现代化建设的可持续发展。

四、发展边境民族地区教育符合区域
经济协调发展的现实要求

社会的和谐与发展很大程度上依赖于社会生产力的发展水平,但这种发展并不是区域差别性的发展,而应是协调性的发展。自改革开放以来,我国的物质基础越来越雄厚坚实,而同时区域间经济发展不平衡的问题也日趋明显,一定程度上甚至可以说已经到了影响与阻碍整个社会主义事业良性向前发展的程度。为了推动区域经济协调发展,必须加大对于发展较为落后地区的投入与扶持力度,从根本上改变落后地区的整体面貌。基于此,国家近年越来越重视欠发达地区和贫困地区的发展,并将中央财政转移支付资金重点用于中西部地区,加大对民族地区、边疆地区等地区和人口较少民族的扶持,期望可以尽快使中西部地区基础设施和教育、卫生、文化等公共服务设施得到改善并逐步缩小地区间基本公共服务差距。

国家区域协调发展战略的实施,是边境民族地区经济与社会发展的良机。但除了国家的诸多扶持政策之外,边境民族地区要保证自身的可持续发展,必须将外在的动力转变成为内在的动因,寻求自身可以健康持续合理发展的内在机制,而这就离不开科技和教育。没有教育发展作为基础和支撑,边境民族地区的发展难以长久,国家区域经济协调发展战略也难以落到实处。只有大力改善和发展边境民族地区的教育,提高边民的科学文化素养,培养边境民族地区发展所需的各类人才,才能保证边境民族地区经济的可持续健康发展。在区域协调发展这一政策指引下发展边境民族地区的教育,以发展边境民族地区教育来为区域经济协调发展服务,这是保证区域经济协调发展战略获取成功的重要保证。只有大力发展教育,才有可能从根本

上帮助边民消除贫困,提高边民的生活质量和水平;只有大力发展教育,才有可能促使边境民族地区彻底摘掉贫穷落后的帽子,保证边境民族地区稳定繁荣;只有大力发展教育,才有可能切实保证国家的区域协调发展战略落到实处。

五、发展边境民族教育是推进教育及社会公平的重要途径

通常我们谈及的公平,主要强调公平所体现的对称性,即无论采用何种判断公平与否的价值标准,都是在追求一种对称,也就是“每个人都希望和别人一样好”。① 公平的状况是与社会经济发展水平与社会价值观念等密切相连,受到社会的政治、经济、文化以及民主进程、阶层状况、人口等诸多因素的影响。教育公平是社会公平的重要基础,作为社会公平的一部分,教育公平必然也要受到上述这些因素的影响。因此,教育公平也是动态和发展的,随着民主化的推进以及公共教育的发展,教育公平的程度和水平也不断地提升。从理论和实践两个角度出发,我们不难发现教育公平在很大程度上是指处于同一社会的个体,在入学机会、教育过程及受教育的结果上都应该是平等的,任何受到区别对待或条件不均等都被视为教育机会的不均等。② 从这个角度出发,教育公平主要侧重的是教育机会均等方面,这是教育公平的核心和着眼点。

根据上述标准来审视我国教育发展的状况,我们可以发现我国教育公平的状况正在不断地得到改善和提高。目前,我国已经基本实现了普及九年制义务教育,高中教育的普及正在推行,高等教育的入学率也大幅提高。但同时,我国教育发展不均衡的状况也十分严重。虽然说我国绝大部分地区都已经实现了义务教育的普及,基本上保证了所有适龄青少年都可以享

---

① 于发友、公平:《义务教育均衡发展的价值旨归》,《当代教育科学》2005 年第 7 期。
② 参见郑准:《略论我国的社会分层变化及其对教育公平的影响》,《华南师范大学学报》1999 年第 2 期。

有均等地接受教育的机会,但就教育过程和教育结果方面来看,不同地区之间仍存在着极大差异。这种差异状况非常不利于推进教育公平,进而更不利于社会公平的推进。

　　而切实促进边境民族地区教育发展是实现教育公平的重要内容之一。边境民族地区的教育发展水平远远落后于内地,存在着许多的问题与挑战,例如学校硬件设备陈旧落后、师资不足(音体美等特殊专业教师严重匮乏)、教师待遇较差、家庭贫困学生较多等。这些问题严重影响着边境民族地区学校的教育教学质量,更不利于边境地区学生身心的全面发展。为了推进教育公平,必须加大对边境民族地区的投入与扶持力度,给予边境地区更多的优惠政策,促进公共教育资源进一步向这些地区倾斜,逐步缩小城乡、区域教育发展差距,彻底改变边境地区教育发展落后的状况。近年来,为了促进教育公平,国家实施了一些改善教育尤其是义务教育阶段不均衡状况的措施,力图推进教育的均衡发展。这些措施的陆续实施将有助于彻底改善边境民族地区教育现状,提高边境地区教育质量,更好地保证边民有机会接受良好的教育,从而促进教育公平乃至社会公平。

　　可见,发展边境民族地区教育,促进国家教育的均衡发展,推进教育公平,这既符合边境民族地区教育和社会发展的现实需要,也响应了国家现行的教育战略决策。

六、发展边境民族教育是保证
多样民族文化的有效手段

　　文化是民族凝聚力和创造力的重要源泉,越来越成为综合国力竞争的重要因素。我国是一个由多个民族构成的国家,每个民族的文化都是中华文化的重要组成部分,也是世界文化遗产不可剥离的一部分。保存和延续民族文化不仅是每个民族的责任,更是国家义不容辞的义务。

　　民族教育既是民族文化的重要组成部分,也是传承和发展民族文化的重要方式。正如我们所熟知的,我国的一些少数民族仍处在有语言乏文字的阶段,生活方式以及文化传递的主要方式仍以口耳相传为主,这非常不利于民族文化的保存和延续且致使一些宝贵的文化遗产在传承的过程中遗失与消亡。而在边境民族地区大力发展教育,例如双语教育,可以较好地保证民族语言和文化的传递与发展。同时,教育也可以促进边民的社会化,保证边民国家认同和民族认同的形成,明确自身对于民族文化保存应该担负的责任和义务,使他们自觉形成保护民族文化的意识和能力,这是保证民族文化延续与发展的基本前提。

文化是在长期的历史积淀过程中人们生产生活的结晶,是人类最为宝贵的财富。身处在一个拥有多样民族文化的国家是我们每个中华子民的骄傲与荣耀,同时,我们也有责任要保证和促进民族文化的丰富与多样。这一无可懈怠的责任要求我们要大力发展边境民族地区的教育,以教育的力量来保证民族文化的延续与繁荣。

七、发展边境民族区教育是提升
国门形象的迫切需要

我国边境民族地区由于人口密度较低,居住分散,教育基础设施成本很高,大多采用集中办学的方式,寄宿学生非常多。而当前我国对于贫困家庭寄宿生生活补贴标准为小学每人每年 150 元,初中 250 元,这一标准难以满足学生每个月的生活所需,许多学生由于家庭难以支付生活费用而导致辍学。此外,无论是初高中升学率、教师学历合格率、还是学生平均校舍面积均等方面边境民族地区都大大落后于内地地区。这些因素一定程度上致使我国边境地区一些民族的受教育程度水平仍十分低,目前边境地区人均受教育年限均低于全国人均水平,拉祜族、佤族、布朗族、怒族、独龙族等少数民族人均受教育年限仅为 3 年左右。①

---

① 《关于解决边境少数民族地区教育问题的提案》,http://news. china. com. cn/zhuanti/
2010lianghui/2010－03/06/content_19543936. htm.

相比之下,我国的邻国越南就十分重视民族教育及对民族学生的生活补助,创办了民族寄宿制中学和预科大学来培养民族干部,而且国家不断加大对于民族寄宿学校的投入力度,现在每年已经超过 200 亿越盾,少数民族学生在民族寄宿制中学就读可以得到生活补助,每人每月约为 7.5 万越盾(约合人民币 50 元),更有 45 所民族寄宿制中学学生的学费和生活费由国家支付。① 从这个方面来看,我国对于边境民族地区教育的扶持与投入力度与邻国存在一定差距。越南政府的这些政策不仅使本国边民得到了实惠和帮助,也对云南和广西的中国边民产生了较大吸引力,导致中国不少边民迁居越南,有些学生到越南读书,一些代课教师到越南任教②。

边境线上的教育竞争,要求我们必须重视发展边境民族地区的教育,以树立更加良好的国际形象,增加我国的国际影响力,确保广大边民形成国家自豪感和优越感。

八、发展边境民族教育是促进 边民自身发展的关键所在

随着社会和经济的发展,人类社会已经由工业社会开始向后工业社会或者说知识经济社会转型。知识经济时代对于人们的技能和素质要求发生了极大转变,传统工业时代的知识习得性教育已经难以满足社会的要求,知识经济时代要求人们必须具备更为多样的能力。这意味着知识经济时代的人们不仅要获取科学文化知识,更要掌握和具备学习的技能和能力。因为知识经济时代科技和知识更新换代的速度已经远远超出了我们的想象,在这样的时代要适应社会和工作的需要就要不断地学习和掌握新的知识和技能,传统的掌握一门技能就可以受用终身的时代已经不复存在,学习型社会

① 参见周健、刘东燕:《越南的民族政策及其对我国边境民族地区的影响》,《东南亚纵横》2004 年第 11 期。
② 参见尹宏伟:《越南在边境上的教育措施》,《南风窗》2003 年第 3 期。

和终身学习已经摆到了人们的眼前。身处于知识经济时代，人们要成为有效能的劳动者就必须具备多种能力和技能，这不仅包括实际动手能力，更包括自我学习能力、处理人际关系能力、团队合作能力、创新能力、交际能力、管理和解决矛盾的能力和敢于承担风险的精神等。

可以说，在当今知识经济时代，教育和学习已经成为人们生存和发展所必须的内容和手段，只有通过教育，人们才有可能掌握基本的学习技能、形成学习的能力和品质，这对于一个人一生的生活与发展乃至整个国家和社会的发展都至关重要。因此，对于边境民族地区的边民来说，接受教育尤其是高质量的教育，将有利于提高他们的素质与能力，促使他们挖掘自身的潜能，保证广大边民可以更好地满足和适应社会以及地区发展的需要，从而彻底改善边民自身的生活水平和生活质量，使他们生活得更加体面、更加幸福、更有尊严。

综上所述，发展边境民族区教育，既是落实民族政策的具体体现，也是维护边疆稳定的根本保证；既是落实国家发展战略的需要，也是让边民生活得更有尊严的现实要求；既是传承边境民族文化的有效途径，也是提升国门形象的重要举措。加快边境民族地区教育事业发展，对于巩固国家统一和民族团结，促进各民族共同繁荣，具有极其重要的战略意义与现实价值。

第二辑　聚焦广西边境民族地区教育实践

　　作为起源,实践先于理论,但一旦把实践提高到理论水平,理论就领先于实践,对实践起指导和规范作用。从这个意义上说,理论研究或理论创新的根本目的不是为了理论本身,而是为了引领实践走出困境、突出重围,即当实践遇到困境与迷惘而实践本身不能解决时,理论必须先于实践而前行,为实践走出困境和迷惘而提供新的视野、路径与方法。

第四章 历史回顾：广西边境民族地区教育发展的政策资源

发展边境民族地区教育，政策是先导与保证。自新中国成立以来，我国始终秉持各民族共同团结奋斗、共同繁荣发展这一基本理念，从国情出发，总结历史上的经验与教训，贯彻实施以民族平等、民族团结、民族区域自治和各民族共同繁荣为基本内容的民族政策，形成了比较完备的民族政策体系。党和国家的民族政策资源无疑为广西尤其是广西边境民族地区的教育发展提供了坚实的基础和保障。

一、改革开放以来的中国边境民族政策

边境地区向来是我国少数民族聚居的主要地域，故我国的边境地区与民族地区往往具有一定的重叠性。通过翻阅相关政策法规我们可以发现，我国鲜有直接关于边境民族地区的政策法规，但正是由于在我国边境性与民族性所具有的同一性，我国的民族政策同样适用于边境民族地区。这也就是说，当探讨边境民族政策时，我国的民族政策亦完全适用。因此，我们可以从我国的民族政策中寻找边境民族政策的发展轨迹。回溯我国改革开放以来边境民族政策的发展，大致可以分为以下几个阶段。

（一）以"拨乱反正"为核心的边境民族政策时期

1978 年 12 月，我们党召开了具有重大历史意义的十一届三中全会，这标志着我国开始进入改革开放的新时期，也昭示了党的民族理论和政策发

展进入新的阶段。以邓小平同志为核心的党的第二代中央领导集体始终坚持从当代中国民族问题的实际出发,彻底否定社会主义时期"民族问题实质是阶级问题"的错误理论,重申马克思主义民族理论的指导地位和党的民族政策,进行拨乱反正,全面恢复、落实党和国家的各项民族政策,这推动了改革开放后党的民族理论和政策的第一次飞跃。

1979年4月,中共中央召开了全国边防工作会议,这是党和国家民族工作史上具有划时代意义的一件大事。此次会议的主要目的就是加强边防建设,巩固祖国边防,为实现社会主义现代化提供保障。由于我国大量的少数民族主要聚居在边境地区,民族地区与边境地区多是交叠在一起的,要维护国家安全、巩固国防,就必须做好民族工作。因此,在新的历史阶段如何开展民族工作成为本次会议的主要内容。针对"文化大革命"对民族工作的冲击和破坏,中央政治局委员、中央统战部部长乌兰夫在代表中央所作的报告中重申了一系列已被历史证明是正确的民族、宗教、统战政策,着重总结了新中国成立以来民族工作的经验教训。同年7月,中央批转了乌兰夫同志的报告,要求全党全军必须十分重视民族工作,深入开展民族政策再教育,结合检查民族政策执行情况,切实解决存在的突出问题。这个报告是"文化大革命"结束后第一个重申党的民族政策的文件,第一个进行民族工作拨乱反正的文件,标志着我国民族工作重新回到了正确的轨道上来。全国边防工作会议之后,党和国家开展了一系列卓有成效的民族工作。

1980年春节前后,为了全面贯彻全国边防工作会议精神,国家开展了全国范围内的民族政策大检查大教育。从中央到地方,各族干部群众深入接受了一场关于民族理论政策的学习教育活动,这有效地促进了党和国家的民族政策的恢复与发展。在国家的一系列政策和措施之下,过去行之有效的民族政策得以恢复,且在新的历史条件下推行了新的政策和措施,民族关系得到极大改善,民族地区又迎来了新的发展契机。

(二)以"发展"为核心的边境民族政策时期

坚持各民族共同繁荣发展,是中国民族政策的根本立场。我国宪法明确规定:"国家尽一切努力,促进全国各民族的共同繁荣。"民族区域自治法也把支持和帮助民族地区加快发展,规定为上级国家机关的法律义务。多年来,国家把支持少数民族和民族地区加快经济社会发展作为国家发展建设的重要内容,出台了多项政策支持少数民族和民族地区的发展。

在1979年4月召开的全国边防工作会议上,国家已经提出要发展民族地区的经济文化事业,明确了为了推进民族地区的发展,国家制定和实施积极扶持、重点照顾的政策,并申明这是国家在民族工作方面的重大任务。为此,会议还提出,国家要组织内地省、市实行对口支援边疆地区和少数民族地区。自那时起,对口支援即成为促进民族地区加快发展的一个重要途径。经过多年的发展,对口支援已经发展成为多领域、多层次、多形式、多内容的帮扶,全国各省市、国家各部委通过各种形式,携手民族地区共同繁荣发展。

而凭借边境民族地区的地域优势,民族地区又成为我国现代化建设中对外开放的重要门户和口岸。1987年4月,中共中央、国务院在批转《关于民族工作几个重要问题的报告》中指出,新疆、西藏、云南等省区和其他一些少数民族地区,具有对外开放的优越地理条件,又有丰富的地下、地上资源和独特的旅游资源,进一步搞好开放,就能把某些劣势变成优势,加快经济的发展。同年,国家民委等十几个部委联合就边境贸易情况进行调研,并向国务院提出《关于积极发展边境贸易和经济技术合作、促进边疆繁荣稳定的意见》。1991年4月,国务院办公厅批转了这个文件,推动了边境贸易的顺利发展。1992年,国家又实施了沿边开放战略,国务院陆续批准将珲春、黑河、绥芬河、满洲里、二连浩特、伊宁、博乐、塔城、畹町、瑞丽、河口、凭祥、东兴13个城市设立为沿边开放城市,加上辽宁丹东,共建立了14个国家级边境经济合作区,并给予优惠政策。其中属于民族地区的城市就有10个。可以说,这进一步打开了边境民族地区对外开放的大门,也更有利于边境民族地区更快地脱贫致富。1996年1月,国务院在《关于边境贸易有关问题的通知》中对边境贸易管理形式、税收等若干问题作出具体规定,强调要"积极支持边境贸易和边境地区对外经济合作的发展",为边境民族地区经济贸易的发展提供了更好的政策保障与支持。

1999年实施的西部大开发战略则更是把少数民族和民族地区发展摆在了更加突出、更加重要的位置上。1999年9月,即新中国成立50周年之际,党中央、国务院召开了第二次中央民族工作会议。这次会议是在我国改革处于攻坚阶段,发展处于关键时期,即将迈入21世纪的历史时刻召开的,会议进一步突出了加快少数民族和民族地区发展的战略地位,强调了加强民族团结、维护国家统一的重要性,具有深远的历史意义。会议指出,为了加快民族地区经济的发展,要贯彻实施西部大开发战略,加快民族地区发展,把我国民族团结进步事业全面推向新世纪。2000年10月,十五届五中全会通过了《关于制定国民经济和社会发展第十个五年计划的建议》,集中论述了"实施西部大开发,促进地区协调发展",提出"加大对西部地区特别是少数民族地区财政转移支付力度"。2000年12月,中共中央颁发了《关于加强统一战线工作的决定》,强调:"实施西部大开发战略,必须把巩固和发展平等、团结、互助的社会主义民族关系摆在十分重要的位置",民族凝聚力是衡量一个国家综合国力的重要标志。同时,国务院也于2000年和2004年先后出台了《关于实施西部大开发若干政策措施》和《关于进一步推进西部大开发的若干意见》,并制定实施了《"十五"西部开发总体规划》、《西部地区人才开发十年规划》等专项规划。在实施西部大开发中,国家将5个自治区、27个自治州、83个自治县(旗)纳入西部大开发范围,同时规定其他3个自治州可以参照享受西部大开发优惠政策;对未列入西部大开发范围的自治县,则要求所在的省级人民政府在职权范围内比照西部大开发的有关政策给予扶持。从党和国家的政策方针可见,加快民族地区发展,促进各民族共同繁荣,是实施西部大开发战略的重要着眼点和出发点。

　　一系列促进少数民族和民族地区发展的政策和措施,使我们更为深刻地认识和感受着党和国家基本的民族政策导向。应该说,20世纪八九十年代,国际国内形势是异常复杂的,而恰是在这样的背景下,以江泽民同志为核心的党的第三代中央领导集体坚持以马克思主义民族观为指导,明确提出加快发展是解决我国现阶段民族问题的核心,这实现了改革开放后党的民族理论和政策的第二次飞跃。正是在这样的思想导引下,国家才会先后面向少数民族和民族地区实施了沿边开放战略、"八七"扶贫攻坚计划、西部大开发战略等,这表明在我国的现代化建设和区域协调发展进程中民族地区的地位和作用十分关键,而同时在这样的历史契机下边境民族地区也迎来了难得的发展良机。

（三）以"各民族共同团结奋斗、共同繁荣发展"为主题边境民族政策的新时期

21世纪是我国改革与发展的关键时期。面对新的历史时期新的任务和挑战,如何更好地促进各民族之间的团结、推进民族地区的发展,这是国家亟待明确和解决的问题。2003年3月,中共中央总书记胡锦涛同志在全国政协十届一次会议少数民族界委员联组会上提出:"实现全面建设小康社会的宏伟目标,就是要更好地实现各民族的共同繁荣发展。实现各民族共同繁荣发展,需要各民族共同团结奋斗。共同团结奋斗、共同繁荣发展,是新世纪新阶段我国民族工作的主题。"2005年5月,在党中央、国务院召开的第三次中央民族工作会议上,胡锦涛同志又全面、系统、深刻地阐明了"两个共同"的科学内涵及其辩证关系:所谓"共同团结奋斗",就是要把全国各族人民的智慧和力量凝聚到全面建设小康社会上来,凝聚到建设中国特色社会主义上来,凝聚到实现中华民族的伟大复兴上来;"共同繁荣发展",就是要牢固树立和全面落实科学发展观,切实抓好发展这个党执政兴国的第一要务,千方百计加快少数民族和民族地区经济社会发展,不断提高各族群众的生活水平。只有各民族共同团结奋斗,各民族共同繁荣发展才能具有强大动力。只有各民族共同繁荣发展,各民族共同团结奋斗才能具有坚实基础。而且,在此次会议上党和国家更从12个方面,全面、系统地总结和概括了我们党关于民族问题的基本观点和政策,比较集中和系统地回答了什么是民族和民族问题,以及怎样正确认识和解决我国现阶段的民族问题。众所周知,支持少数民族和民族地区加快发展,是我国的一项基本方针,也是国家实施西部大开发战略的首要任务。"两个共同"的提出,进一步推动了党的民族理论和政策的发展创新。

进入21世纪,以胡锦涛同志为总书记的新一届中央领导集体,站在全面建设小康社会、开创中国特色社会主义事业新局面的高度,鲜明提出共同团结奋斗、共同繁荣发展是当代民族工作的主题,并进一步丰富和发展我党关于民族问题的基本观点和政策,实现了改革开放后党的民族理论和政策

的第三次飞跃。这种民族政策宗旨，为促进少数民族和民族地区经济社会的发展，促进各民族共同繁荣发展提供了难得的机遇和保障。从中共中央、国务院颁布的《关于进一步加强民族工作，加快少数民族和民族地区经济社会发展的决定》，到国务院制定的《实施〈中华人民共和国民族区域自治法〉若干规定》，再到国家具体实施的扶持人口较少民族发展、"兴边富民"行动、少数民族事业等几个专项规划，这些政策措施无不体现了"两个共同"的基本宗旨。正是基于"两个共同"的政策主题，我国的建设和发展转向偏重关注于努力缩小民族地区与发达地区的发展差距，缩小民族地区内部及城乡之间的发展差距；加强对于贫困少数民族、人口较少民族、边境少数民族的支持与扶持力度，保证各族人民都可以共同发展、共同进步。

改革开放以来，我国社会和经济发展日新月异，社会物质财富极大增长，而与此同时社会中的分化现象也日趋明显，民族地区尤其是边境民族地区的发展水平远远落后于沿海及内陆地区。面对这样的现实，我国始终致力于采取差别性的民族政策，加大对于少数民族和民族地区的援助与政策倾斜，力图提高和改善民族地区的社会发展水平。经过多年的发展，边境民族地区的生活面貌已经发生了翻天覆地的变化。但立足于现实，为了全面实现建立"小康社会"的理想，秉持着"两个共同"的基本宗旨，国家将会一如既往地关注边境民族地区的改革与发展，切实贯彻和谐社会的理念和精神。

二、改革开放以来的中国边境民族教育政策

发展民族地区教育，促进各民族共同繁荣，是党和国家民族政策的重要组成部分。长期以来，民族地区的教育事业始终是党和国家关注和发展的重点。而正如前所述，由于我国的民族地区与边境地区具有很强的同一性，虽然国家的教育政策法规并没有明确指向边境民族地区的，但面向民族地区的教育政策无一不可适用于边境民族地区。因此，在这里探讨边境民族地区教育政策时，我们还是以国家总体的民族教育政策为基本线索。自新

中国成立以来，结合民族地区的特点和实际情况，在不同的历史时期党和国家确定了不同的民族教育方针政策。尤其是改革开放以来，随着教育被置于优先发展的战略地位，国家制定了诸多政策来加快民族地区教育事业的发展，推动具有中国特色民族教育体系的确立，而借此培养出的大批民族干部和人才又为民族地区改革、发展和稳定发挥了举足轻重的作用。

（一）发展边境民族教育的宏观性政策法规导引

为了明确与保证民族地区教育发展的权利与义务关系，我国的《宪法》、《民族区域自治法》和《教育法》等都有规定支持和帮助少数民族和民族地区发展教育的条款，例如，《教育法》就明确规定"国务院及县级以上地方各级人民政府应当设立教育专项资金，重点扶持边远贫困地区、少数民族地区实施义务教育"。以法律法规的形式明确对于少数民族和民族地区的政策倾斜与扶持，有利于更为贴近少数民族和民族地区的实践需要和利益，也有利于国家及各级政府更为明确自己的责权利，切实能够将相关的政策措施落到实处。

同时，为了推进少数民族和民族地区教育事业的发展，国家颁布了一系列的行动规划和纲要。自新中国成立以来，教育部和国家民委先后召开了五次全国民族教育工作会议。在 2002 年 7 月第五次全国民族教育工作会议上，就着重研究了贯彻落实国务院《关于深化改革加快发展民族教育的决定》，这次会议明确了我国现阶段民族教育工作的方针、政策、重点内容及发展方向等。2005 年，《国家教育事业发展"十一五"规划纲要》明确提出，坚持分区规划、分类指导的原则，强调公共教育资源向农村、中西部、贫困地区、边疆地区和民族地区倾斜。2010 年颁布的《国家中长期教育改革和发展规划纲要（2010—2020 年）》亦将少数民族和民族地区教育列入重点发展行列，提出要重视和支持民族教育事业，公共教育资源要向民族地区倾斜，中央和地方政府要进一步加大对民族教育支持力度，全面提高少数民族和民族地区教育发展水平。而新近出台的《中共中央关于制定国民经济和社会发展第十二个五年规划的建议》也表示要支持发展民族教育，公共教育资源要向民族地区倾斜。

　　此外,由于我国地域广大、人口众多、拥有多个少数民族,为了便于处理民族教育事务,中央和地方各级政府教育行政部门中都设立了专门的民族教育行政管理机构。这一机构专门负责贯彻执行国家的民族教育方针政策,研究处理特殊问题;在中央和地方设置民族教育专项补助经费,以解决民族教育中因民族、地域特点在经费开支上的需要。这样可以更好地考虑到少数民族和民族地区的特殊性,特殊情况特殊处理,保证国家的教育方针政策可以更加适应民族地区的实际情况,切中肯綮,解决和处理民族地区现实所面临的亟待解决的问题。目前,我国基本形成了较为完整的民族教育管理体制。

　　可见,党和国家高度重视少数民族和民族地区的教育发展。而我国促进民族地区教育发展的政策法规也确实给边境民族地区带来了实惠,使边境民族地区教育获得飞速发展。

(二)发展边境民族教育的具体政策与规划

　　2002年10月15日,教育部、国家民委印发了《关于学习贯彻〈国务院关于深化改革加快发展民族教育〉的决定和第五次全国民族教育工作会议精神的通知》(以下简称《决定》)。《决定》对“十五”期间及至2010年民族教育改革与发展的目标任务等都作出了明确的规定和要求。总的说来,目前我国的民族教育政策规划主要集中在几个方面:即深化办学体制改革、加快“两基”步伐、加强对民族教育的投入与扶持力度、加大民族教育的对口支援工作、重视教师队伍建设、推进民族中小学“双语”教学和加强民族团结教育等。

　　1. 关于深化民族教育办学体制改革的系列政策措施

　　长期以来民族地区办学主体单一,办学体制缺乏灵活性。如何创办和完善适应民族地区需要的特色学校,合理调整各级各类教育的布局结构,促进教育资源的优化配置等,是促进民族地区学校教育发展的关键问题。为此,国家通过经费等的投入与扶持,鼓励民族地区大力建设寄宿制中小学校,建设与发展民族高等院校和职业技术学校,力图推动民族地区办学体制的深化改革,提高民族地区的总体教育水平。

（1）创建民族中小学校。随着改革开放的日益推进，在民族地区创建中小学校，尤其是寄宿制的民族中小学校，成为国家发展民族地区教育的重要措施之一。1980 年 10 月，国家民委和教育部下发《关于加强民族教育工作的意见》，提出：对于大多数文化教育十分落后的民族，特别是对于边远地区、牧区、山区的民族，必须采取特殊的办法，在相当的时期内，集中力量办好一批公办的民族中小学，给予较多的助学金，特别要大力办好一批寄宿制学校，采取由国家管吃、管住、管穿的办法。1984 年 5 月，《民族区域自治法》以法律形式将这一政策落到实处，明确规定：民族自治机关可以为少数民族牧区和经济困难、居住分散的少数民族山区，设立以寄宿为主和助学金为主的公办民族小学和民族中学。1992 年 10 月，国家教委和国家民委在《关于加强民族教育工作若干问题的意见》中提出："人口稀少、居住分散的地方或经常流动的牧区，学校的布局要相对集中，从一定年级起举办寄宿制学校。"1993 年 2 月《中国教育改革和发展纲要》提出"两基"（基本普及九年义务教育和基本扫除青壮年文盲）目标后，民族中小学校尤其是寄宿制学校的发展进一步受到重视。1999 年 1 月，国务院批转教育部《面向 21 世纪教育振兴行动计划》，决定实施现代远程教育工程，为民族中小学的发展创造了有利条件。2002 年 7 月，第五次全国民族教育工作会议提出，要把国家支持的重点放在民族工作的重点地区、高寒山区、边远农牧区和边境地区，积极改善这些地区的寄宿制学校和其他普通学校的办学条件。2010 年颁布的《国家中长期教育改革和发展规划纲要（2010—2020 年）》中也提出：支持边境县和民族自治地方贫困县义务教育学校标准化建设，加强民族地区寄宿制学校建设。在这些政策的推动下，我国边境民族地区中小学校，尤其是寄宿制民族中小学校的办学条件明显改善。

（2）建立与发展民族高等院校。早在 1941 年 9 月，我们党就创立了第一所民族高等院校，即延安民族学院。到 1958 年，全国共建立了 10 所民族学院。"文化大革命"期间，先后有 8 所民族学院被撤销或停办。党的十一届三中全会后，民族高等院校又逐渐恢复并得到了充实和加强。从 20 世纪 80 年代末开始，湖北民族学院、西北第二民族学院、大连民族学院和内蒙古民族大学又相继成立。1995 年和 1999 年，国家相继启动"211 工程"和

"985 工程",中央民族大学先后列入"211 工程"和"985 工程"二期建设学校,得到了较大扶持。2005 年 12 月,国家民委和教育部联合召开全国民族院校工作会议,制定了《关于进一步办好民族院校,加快民族高等教育发展的意见》。目前,全国已初步形成了以 15 所民族院校为主体,以民族学科为特色,学科门类较为齐全的高等民族教育体系。

(3)鼓励民族职业技术学校的发展。改革开放以来,民族地区的中等专业学校和技工学校逐渐得到恢复和发展,且开始创办职业中学。1992 年 4 月,国家教委印发《关于加强少数民族与民族地区职业技术教育工作的意见》,进一步明确少数民族和民族地区职业技术教育改革与发展的方向,要求采取特殊政策和措施,推动职业技术教育的发展。2000 年 7 月,国家民委、教育部印发《关于加快少数民族和民族地区职业教育改革和发展的意见》,提出要积极探索适应少数民族和民族地区发展需要的职业教育的办学模式。2007 年,国家民委、教育部下发《关于大力发展少数民族和民族地区职业教育的意见》,进一步明确了民族地区发展职业教育的方向和任务。目前,我国民族地区已初步建立起以独立设置的各级各类职业学校、成人学校为主体,其他教育机构共同参与,多渠道、多规格、多形式培养和培训中初级实用人才的民族职业教育、成人教育体系,成为构建民族教育体系的重要组成部分。基于这些政策,民族地区职业技术教育状况已经发生了根本性的变化。而这同时又为民族地区经济社会的发展,提供了人才支撑和智力保障。

2. 实施与推动"两基"计划的相关政策

为了推动我国教育的改革与发展,促使教育更好地为社会主义现代化建设服务,中共中央、国务院于 1993 年 2 月印发了《中国教育改革和发展纲要》,明确了 20 世纪末教育发展的总目标是"基本普及九年义务教育,基本扫除青少年文盲;要全面贯彻党的教育方针,全面提高教育质量;要建设好一批重点学校和一批重点学科",简称"两基"、"两全"、"两重"。在《纲要》的推动下,我国"两基"计划顺利展开,且取得了显著的效果。但由于历史及社会发展状况的局限,在"两基"计划实施过程中西部地区实施进度缓慢,到 2002 年底,我国西部地区仍有 372 个县(市、区)和新疆生产建设兵团的38个团场,一共410个县级行政单位尚未实现"两基"。

　　为了进一步推进西部大开发,实现西部地区基本普及九年义务教育、基本扫除青壮年文盲,根据《国务院关于进一步加强农村教育工作的决定》的精神,2004年2月10日,国务院批转教育部《2003—2007年教育振兴行动计划的通知》(国发〔2004〕5号),提出实施国家西部地区"两基"攻坚计划2004年12日,国务院办公厅又转发了教育部等部门关于《国家西部地区"两基"攻坚计划(2004—2007年)》的通知:明确实施西部地区"两基"攻坚计划,以促进区域之间、城乡之间和经济社会协调发展,为全面建设小康社会和实现西部大开发战略目标奠定基础。到2007年底,"两基"攻坚县中已有330个县实现"两基";全国"两基"人口覆盖率已提高到95%,青壮年文盲率下降到4%以下;全国民族自治地方699个县级行政区划单位中有662个县(市、区、旗)实现了"两基"目标,占民族自治地方县级行政区划单位的94.71%。截至2008年底,民族地区实现"两基"目标的县已有674个,占总数的96.6%。"两基"攻坚计划取得了明显成效,我国边境民族地区基础教育水平大大提高。

　　3. 加大边境民族教育投入与扶持力度的系统工程与政策

　　为了推动民族教育发展,国家非常重视加大对民族教育的投入与扶持。1986年4月,国家颁布的《义务教育法》就规定:国家要对经济困难地区实施义务教育的经费予以补助,从师资、财政等方面帮助民族地区实施义务教育。1990年,中央财政恢复设立民族教育补助专项经费。1991年,《国务院关于进一步贯彻实施〈中华人民共和国民族区域自治法〉若干问题的通知》又规定:"八五"计划期间,要增加民族教育补助专款。而从1995—2000年,国家投入39亿元中央专款,实施第一期"国家贫困地区义务教育工程",其中28.4亿元用于西部地区。"十五"期间及至2010年,我国先后又凭借"国家贫困地区义务教育工程"、"国家扶贫教育工程"、"西部职业教育开发工程"、"高等职业技术教育工程"、"教育信息化工程"、"全国中小学危房改造工程"、中小学贫困学生助学金专款、青少年校外活动场所建设项目等加强对于数民族和西部地区投入与政策倾斜;对未普及初等义务教育的国家扶贫开发工作重点县,向农牧区中小学生免费提供教科书,推广使用经济适用型教材;采取减免杂费、书本费、寄宿费、生活费等特殊措施确保家庭困难学生就学;中央财政通过综合转移支付对农牧区、山区和边疆地区寄宿制中小学校学生生活费给予一定资助;少数民族和西部地区各级财政也相应设立寄宿制中小学校学生生活补助专项资金。这些教育政策与系统工程保证了边境民族地区教育的发展拥有充足的资金后盾。

以近几年来较受关注的"两免一补"政策为例。众所周知,我国农村和农民比重庞大,而且通常农村与城市在经济、教育、文化等方面的差距很大,而在农村地区中大部分边境农村地区则相对更为落后,因此它也一直是我国发展边境民族教育的攻坚地区。面向农村义务教育阶段贫困家庭学生的"两免一补"政策则恰好适用于这一地区,这有利于保证边境民族农村地区学生的在学率,一定程度上缓解这一地区义务教育阶段学生上学难的问题。2005年,国务院办公厅转发财政部、教育部《关于加快国家扶贫开发工作重点县"两免一补"实施步伐有关工作意见的通知》,规定:对农村义务教育阶段贫困家庭学生实行"两免一补"(免书本费、免杂费、补助寄宿生生活费)政策,并加快对国家扶贫开发工作重点县的实施步伐。从2006年3月起,西部地区农村开始实施农村义务教育经费保障机制改革,全面推行"两免一补"政策。截至2006年10月,中央财政共落实改革资金133亿元,各地落实资金77亿元推进这项改革。改革惠及40多万所农村中小学、5000多万名农村中小学学生。有近20万农村辍学生返回学校。免除学杂费后,平均每个小学生年减负140元,初中生年减负180元。2007年,这一政策扩大到中部和东部地区。在实施"两免一补"政策的过程中,国家充分考虑到了边境地区、民族地区的经济和社会发展状况,在安排资金时对这些地区给予了倾斜,在这其中新疆、西藏、宁夏、青海等省区的义务教育阶段学生享受"两免一补"政策的范围超过83%。可见,这项政策的成效是显著的。

4. 加强对边境民族教育对口支援的政策支持

从20世纪50年代开始,国家就开始对民族地区进行对口支援。到20世纪90年代后,国家进一步加大了民族教育对口支援工作的力度。1992年3月,第四次全国民族教育工作会议就决定,组织发达省、市对口支援民族贫困地区的教育事业。1992年10月,国家教委下发《关于对全国143个少数民族贫困县实施教育扶贫的意见》，确定沿海省、市与143个少数民族贫困县结成"一对一"帮扶关系。1993年2月，中共中央、国务院《关于印发〈中国教育改革和发展纲要〉的通知》要求：认真组织和落实内地省、市对民族地区教育的对口支援。1993年11月和1996年11月，国家教委、国家民委先后两次召开全国教育对口支援协作工作会议。1997年4月，两部委联合下发《关于认真贯彻中央扶贫工作会议精神，进一步加强对口支援民族和贫困地区发展教育事业的通知》，把教育对口支援纳入扶贫工作，并相应调整了对口支援关系。2000年4月，经国务院同意，教育部等联合印发《关于东西部地区学校对口支援工作的指导意见》，正式启动"东部地区学校对口支援西部贫困地区学校工程"和"西部大中城市学校对口支援本省（自治区、直辖市）贫困地区学校工程"，加强对西部地区的对口支援。而2010年颁布的《国家中长期教育改革和发展规划纲要（2010—2020年）》进一步明确了今后加强教育对口支援仍是民族地区教育发展的一项重要政策，要求认真组织落实内地省市对民族地区教育支援工作。

5. 加强边境民族地区师资队伍建设的政策措施

教师是民族地区教育发展的关键因素，良好的师资队伍是民族地区教育发展和改善的前提和保障。而由于少数民族和民族地区的特殊情况，培养"双语"教师是民族地区师资队伍的重点所在。为此，国家、自治区和地方政府等采取了多种政策和措施来提高民族地区教育的水平，并鼓励和吸引其他地区教师到民族地区任教。例如，加强县级教师培训基地的建设，提高教师的教学和科研水平；拓宽教师来源渠道，鼓励非师范院校毕业生和东、中部地区高校毕业生到少数民族和西部地区任教；采取定向招生等特殊措施，加强培养在农牧区、高寒地区、山区和边疆地区能"下得去、留得住"的各级各类学校教师；加强教师培训，鼓励教师参加各类业务学习，提高教师学历学位层次等。

这些政策与措施的实施，推动着民族地区师资队伍的发展壮大，教师数量和质量都大幅提高。到2007年底，民族自治地方小学有专任教师89.1万人，在校生1645万人；中等学校有专任教师63.7万人，在校生1084万人；高等学校专任教师7.7万人，在校生123.5万人。同时，教育部组织实施了"教育对口支援"和"西部大学生志愿者计划",进一步填补民族地区普及义务教育的师资缺口。2006 年,教育部、财政部、人事部、中编办又启动了"农村义务教育阶段学校教师特设岗位计划",招募高校毕业生到西部地区"两基"攻坚县农村学校任教。目前,中央已下拨专项资金 2.45 亿元,1.6 万多名大学毕业生充实到西部地区 260 多个县的 2850 所农村中小学。

6. 推动边境民族中小学"双语"教学的政策规定

新中国成立之初,民族地区中小学普遍存在少数民族学生因不懂汉语而影响教育质量的问题。针对这一实际,国家决定在这些学校推行双语教学,即同时使用民族语和汉语进行教学。1950 年,政务院批准了《培养少数民族干部试行方案》,指出:各少数民族学校要逐步做到用各民族自己通用的语文授课,同时也应学好汉语文。1951 年,第一次全国民族教育会议指出:"凡有现行通用文字的民族,中小学各科课程,必须使用本民族语文教学。各少数民族的各级学校按照当地少数民族的需要和自愿设汉文课。"双语教学开始在民族地区逐步实施。1981 年,第三次全国民族教育工作会议要求加强民族文字教材建设,推动了双语教学的发展。1984 年和 1986 年,民族区域自治法和义务教育法对以少数民族学生为主的学校实施双语教学分别作出了规定。1991 年 6 月,国务院批转国家民委《关于进一步做好少数民族语言文字工作的报告》,要求以招收少数民族学生为主的学校,有条件的应当在适当年级实行双语教学。2001 年 6 月的全国基础教育会议,2002 年 7 月的第五次全国民族教育工作会议,强调了搞好双语教学的重要性和必要性。2002 年 7 月,国务院颁发《关于深化改革加快民族教育发展的决定》,进一步把推进民族中小学双语教学,确立为加快民族教育发展的一项政策措施。2010 年,《国家中长期教育改革和发展规划纲要(2010—2020 年)》中也强调要大力推进双语教学。

多年来,在民族自治地方的中小学推行采用民族语言和汉语的"双语"教学,取得了良好的效果。截至 2007 年,全国共有 1 万多所学校使用 21 个民族的 29 种文字开展民、汉"双语"教学,在校学生达 600 多万人。每年编译出版的少数民族文字教材达 3500 多种,总印数达 1 亿多册。

7. 加强民族团结教育的政策法规

我国是由多民族构成的社会主义国家,增强民族团结、维护祖国统一、反对民族分裂,是我国各族人民的共同责任。因此,在各级各类学校教育中,有重点、分层次、有针对性地加强民族团结教育十分必要。根据我国人口分布特点和民族关系的实际状况,国家有关部门从1994年开始陆续在全国中小学开展了民族团结教育活动,帮助广大中小学生深入认识和了解我们伟大祖国的悠久历史、中华民族优秀文化传统及各民族人民在党的领导下建设中国特色社会主义的伟大成就,增强各民族学生维护国家统一、反对民族分裂的自觉性。这在我国相关的民族和教育政策与法规中都有规定,2010年颁布的《国家中长期教育改革和发展规划纲要(2010—2020年)》就明确指出,要"在各级各类学校广泛开展民族团结教育。推动党的民族理论和民族政策、国家法律法规进教材、进课堂、进头脑,引导广大师生牢固树立马克思主义祖国观、民族观、宗教观,不断夯实各民族大团结的基础,增强中华民族自豪感和凝聚力。"

国家的民族教育政策法规为边境民族地区教育提供了发展的动力与保障。经过多年的努力,我国边境民族地区的教育事业得到了长足发展。2000年第五次全国人口普查的数据表明,朝鲜、满、蒙古、哈萨克等14个少数民族的受教育年限高于全国平均水平。目前,55个少数民族都有自己的大学生,维吾尔、回、朝鲜、纳西等十几个少数民族每万人平均拥有的大学生人数已超过全国平均水平。当然,这些只是目前所取得的阶段性成果,边境民族地区仍是国家现阶段以及未来教育发展规划的重点区域。

三、中国的"兴边富民"政策

"兴边""富民"是振兴边境、富裕边民的缩略语,是"行动"的出发点和归宿。作为西部大开发战略的配套工程,"兴边富民"行动是1999年中央民族工作会议开始部署实施的一项重要的边境建设工程,旨在振兴边境,富裕边民,最终实现富民、兴边、强国、睦邻。

(一)"兴边富民"行动概况

自 2000 年开始,"兴边富民"行动逐步推广实践,主要的措施是加大对边境地区的投入和对广大边民帮扶,改善边境地区的基础设施状况,促进边境地区经济加快发展,增强自我发展能力。实施范围包括全国 135 个陆地边境县(旗、市、市辖区)和新疆生产建设兵团 58 个边境团场,覆盖 192 万平方公里的国土,惠及 2200 万人口。2000 年,我国首先选择 9 个边境县(2001 年扩大到 17 个)进行试点,2004 年确定 37 个边境县重点推进,取得了显著成效,到 2007 年已扩大到 60 个县。在试点和推广的进程中,党和国家始终高度关注和重视"兴边富民"行动,《中共中央、国务院关于进一步加强民族工作,加快少数民族和民族地区经济社会发展的决定》及《国务院实施〈中华人民共和国民族区域自治法〉若干规定》,都对推进"兴边富民"行动做出了明确部署和具体规定。2007 年 6 月,国务院又颁布了《兴边富民行动"十一五"规划》,对"十一五"期间实施兴边富民行动的指导思想、主要任务以及政策措施做出了规定,为兴边富民行动的扎实推进提供了制度保证。十七届五中全会通过的《中共中央关于制定国民经济和社会发展第十二个五年规划的建议》也明确提出,要促进区域协调发展,加快沿边地区开发开放,深入实施"兴边富民"行动。"兴边富民"行动还多次被列入中央政治局常委会和国务院工作要点,而且在第九届、十届、十一届全国人大会议的《政府工作报告》中均多次强调推进兴边富民行动。

总的说来,2000—2006 年,中央财政累计安排 4.85 亿元,在边境县市开展兴边富民行动,并吸引和带动了大量其他各类资金投向边境地区,兴建了两万多个项目,涉及基础设施、农业生产、生态建设、文化教育等经济社会发展的各个领域。2007 年,国家又进一步加大投入力度,中央财政安排"兴边富民"行动资金 1.8 亿元,重点扶持 60 个边境县。同时,国务院有关部门在政策上倾斜、在项目上优先,推动"兴边富民"行动深入发展。2006 年,交通部、农业部、水利部、教育部等共安排资金 50 多亿元,分别用于安排边境地区农村公路通达通畅工程、种养业良种工程、退牧还草工程、饮用水安全工程、基础教育"两免一补"等工程或项目的实施,收到了明显成效。

（二）"兴边富民"行动对边境民族地区教育发展的推动

教育是关乎边境地区、尤其是边境民族地区改革与发展的大事。因此，边境地区、尤其边境民族地区的教育问题是"兴边富民"行动的一项重要内容，应将发展教育事业置于优先发展的地位。《兴边富民行动"十一五"规划》中明确表示：要"优先发展教育事业"，优先把边境县列入义务教育经费保障范围，加快普及和巩固农村九年义务教育；实施农村中小学寄宿制学校建设工程、国门学校建设工程；改善中小学办学条件，加强教师队伍建设，提高教学水平；建设少数民族双语教学示范区，培养合格的双语教师；大力发展现代远程教育，加强教育对口支援；大力发展职业教育，重点培养实用型人才和技能型人才。这一规划较为全面地呈现了我国发展边境民族地区教育的重点所在。

自"兴边富民"行动实施以来，国家制定了一系列的优惠政策来发展边境地区的教育事业，例如：国家教育专项工程、中央财政扶持教育重点、公共教育资源分配向边境地区倾斜等。2005—2010 年，中央财政共计投入31.837 亿元，重点支持了 9 个边境省区的 1139 所中等职业学校建设。而教育部则利用中央专项工程，支持边境地区寄宿制工程、初中工程、特教项目等基础教育发展，仅寄宿制工程一项，2007—2009 年就建设校舍面积 118万平方米，满足了 14 万学生的寄宿需求。

"兴边富民"行动为边境民族地区教育发展所带来的实惠是显而易见的。经过十年多的发展，边境民族地区的教育已经发生了巨大变化，无论是从校舍、教学设备等硬件设施，还是从师资、图书等软件条件，较以往都有了明显的改善。目前，国家正在着力编制"兴边富民"行动的"十二五"规划。凭借着优良的政策环境，相信未来边境民族地区教育将不断发展改善。

（三）广西践行"兴边富民"的相关政策措施

广西作为多个少数民族聚居的边境省份，边境民族地区的发展历来都是国家和广西重点关注之处。作为"兴边富民"行动的重要区域，广西共有东兴、防城、宁明、龙州、大新、凭祥、靖西、那坡 8 个边境县（市、区）参与实施"兴边富民"行动。自治区党委、政府高度重视"兴边富民"行动，并创造性地以大会战的方式,强力推进"兴边富民"行动的实施。

自 2000 年以来,广西已经先后实行了三次大会战。第一次大会战主要是从 2000—2002 年。2000 年,为了贯彻与落实国家的"兴边富民"行动,广西壮族自治区人民政府颁发了《关于加强广西边境建设的若干意见》和《关于印发广西边境建设大会战实施方案的通知》(以下简称《通知》)。《通知》确定了"广西边境建设大会战实施方案",提出在广西边境 8 县(市、区)开展边境建设大会战,重点加强交通、通讯、教育、卫生等基础设施建设,彻底改善边境地区群众的生产生活条件。到 2002 年,第一次大会战取得了预期的效果,边境民族地区的基础设施环境大为改善。为了巩固第一次大会战取得的成果,进一步促进边境民族地区的发展,2008 年,广西壮族自治区人民政府办公厅印发了《广西兴边富民行动基础设施建设大会战实施方案》的通知,着力开始实施第二次大会战。《通知》指出:为贯彻落实《国务院办公厅关于印发兴边富民行动"十一五"规划的通知》精神,尽快解决防城港市防城区和东兴市、靖西县、那坡县、宁明县、龙州县、大新县、凭祥市八个边境县(市、区)边境村屯基础设施落后面貌,改善边境地区群众的生产生活条件,推进富裕文明和谐新广西建设,自治区党委、自治区人民政府决定在 2008 年集中人力、物力、财力,在边境八县离边境线 3 公里范围内的村屯实施"兴边富民"行动基础设施建设大会战,并列为 2008 年为民办的十件实事之一。此次大会战主要是对边境地区进行综合治理,使边境八县离边境线 3 公里范围内村屯的基础设施、公共设施明显改善,达到全区中上水平,为边民脱贫致富、建设小康社会打下坚实基础。为了巩固大会战的成效,扩大大会战的辐射范围,2009 年,广西壮族自治区人民政府办公厅又印发了《边境 3—20 公里兴边富民行动基础设施建设大会战实施方案》的通知,决定实施第三次大会战。此次大会战主要是在防城港市防城区、东兴市、靖西县、那坡县、宁明县、龙州县、大新县、凭祥市以及享受边境县待遇的天等县、德保县离边境线 3—20 公里范围内的村屯中综合整治和发展交通、饮水、电力、沼气池、土地开垦整理、卫生、教育、广播电视项目等。大会战中茅草、危、树皮房改造项目的范围为边境县离边境线 20 公里范围内的村屯,包括《广西壮族自治区人民政府办公厅关于印发 2009 年自治区人民政府为民办实事工作方案的通知》确定的改造边境县树皮房4500户。此次大会战的时间为2009—2010年，主要目标是要重点解决村屯道路、饮水、茅草房改造、用电、沼气池、耕地开垦整理、卫生、教育、广播电视等群众最关心、最直接、最迫切的问题。广西以自身实际情况出发，以大会战的方式来实施"兴边富民"行动，其成效是有目共睹的，边境民族地区人民的生活条件和水平正在发生着变化。

实施"兴边富民"行动的十年时间里，广西社会、经济、文化、教育等诸多方面所取得的成绩是显著的。随着"兴边富民"行动"十一五"规划即将结束，目前广西已经筹划"兴边富民"行动的"十二五"规划，规划的主要目标是要加快边境地区跨越发展，力求在"十一五"期末全面完成基础设施及公共服务设施建设任务，"十二五"中期全部解决贫困人口的脱贫致富难题，强化边境地区发展后劲和形成"造血"功能；"十二五"末经济社会发展达到或超过全区平均水平，率先全面实现小康目标，成为祖国南疆民族和谐团结发展进步以及国家睦邻、安邻、富邻边境地区的先行典范。"十二五"规划的目标是喜人的，在这样的政策导引下，广西的边境民族地区必将迎来又一轮的大发展、大飞跃。

由于我国复杂的国情，少数民族大多聚居于边境地区，因此边境民族地区一直是国家实施与检验民族政策的重要舞台。由上我们可以发现，无论是从党和国家的边境民族政策或边境民族教育政策，还是具体实施的"兴边富民"行动，我国始终致力于促进各民族共同团结、共同繁荣发展，这是我们党和国家多年开展民族工作的经验总结，更是我国民族工作的根本宗旨所在。然而，在这其中也不免存在着需要引起关注和重视的问题。纵观我国民族政策的发展路径，我们可以发现涉及边境民族地区的政策法规，或涵盖于面向边境地区的政策法规之中，或裹挟于面向民族地区的政策法规之中。也就是说，我国缺少专门的明确以"边境民族地区"发展为核心的政策法规，这难免会导致制定与实施的政策法规缺乏针对性与适应性，难以很好地契合边境民族地区的特殊性。因为，边境民族地区，它既不同于一般的边境地区，同时又与非边境地区的民族地区存在一定差异，它是结合了边境性与民族性于一体的独特区域，它既是国家对外的窗口和门户，占据着维系国防安全的战略地位,同时它也是促进国家内各民族团结与稳定的关键场域,是践行国家民族政策的主战场。这种独特的身份与地位决定了不能简单地将边境民族地区划归到边境地区或者民族地区之内来进行统一的布局和规划,而应该制定与实施面向边境民族地区的专门性政策法规。这是促进边境民族地区更快更好发展的关键。当然,在当前的历史转型时期,我国的民族政策提出以坚持各民族"共同团结奋斗,共同繁荣发展"为主题、以"富民、兴边、强国、睦邻"为理想,这反映了国家始终秉持着要促进民族地区的繁荣和发展这一基本方针。这为边境民族地区教育的发展提供了优良的政策土壤。广西作为拥有多个边境民族县的边境民族自治区,国家的边境民族政策特别是边境民族教育政策法规等无疑是其教育改革与发展的重要动力与资源。随着社会发展的不断推进,以及面向边境民族地区教育的政策法规的日臻完善,广西边境民族地区教育也一定会随之改善和提高。

第五章 环境分析:广西边境民族地区
教育发展的经济社会基础

边境民族地区教育作为一种特有的社会现象,同边境民族地区的政治、经济、文化传统等社会因素及自然环境、国际环境有着密切的联系,它既受到边境民族地区的生产关系和生产力发展水平的制约,也受到边境民族地区文化传统和人口等其他因素的制约。正确认识广西边境民族地区教育的发展环境,有助于把握边境民族地区教育发展和改革的规律,制定边境民族地区教育政策和发展战略,促进边境民族地区教育科学发展,更好地为边境民族地区和国家的政治、经济、文化建设服务。

一、广西边境民族地区基本概况

广西壮族自治区地处祖国南疆,西接云南省,北连贵州、湖南两省,东邻广东省,南临北部湾,西南与越南接壤。全区面积为237404平方公里,聚居着壮、汉、瑶、苗、侗、仫佬、毛南、回、京、水、彝、仡佬12个民族。2005年末总人口4925万人,汉族人口3027万人,占61.46%;各少数民族人口1898万人,占38.54%,其中壮族人口1605万人,占少数民族人口的84.57%,占总人口的32.60%。2009年,广西总人口已达5092万人。

广西与越南的广宁、谅山、高平等4个省17个县毗邻,陆地边境线长1020余公里,海岸线为1595公里;广西边境地区有那坡县、靖西县、大新县、龙州县、凭祥市、宁明县、防城市防城区、东兴市8个县

（含市、区，下同），其中那坡县、靖西县和龙州县属国家级扶贫开发工作重点县，东兴市、防城区、凭祥市、大新县、宁明县为自治区级扶贫开发工作重点县。

广西 8 个边境县面积 1.8 万平方公里，占广西总面积的 7.5%；辖 103 个乡镇，其中与越南有接壤的乡镇有 41 个，行政村有 389 个；有边境口岸 12 个，边民互市贸易点 25 个。2009 年，广西 8 个边境县总人口 250.09 万人，其中少数民族人口 203.98 万人，占总人口的 81.56%（见表 1、图 1）。

表 1　2009 年广西边境县人口情况表

人口 ＼ 县市	那坡	靖西	大新	龙州	凭祥	宁明	防城	东兴
总数（人）	211960	595982	370000	275400	110344	425463	386900	124884
少数民族人口（人）	202212	560223	358900	262500	91254	382918	138100	43668
少数民族人口所占比例（%）	95.40	94.00	97.00	95.32	82.70	90.00	35.70	34.97

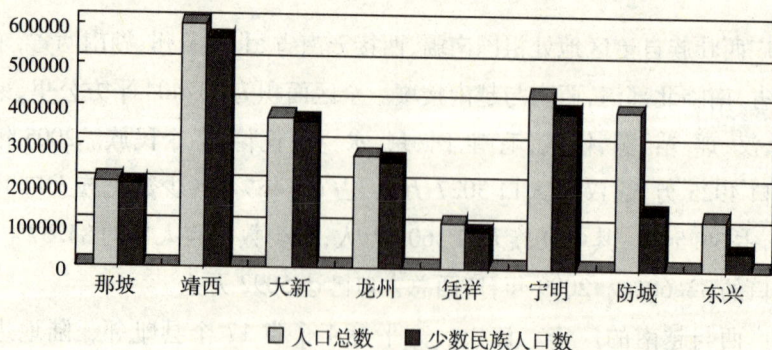

图 1　2009 年广西边境县人口情况图

广西边境民族地区聚居着壮、汉、瑶、苗、京、侗、仫佬、毛南、回、水、彝、仡佬 12 个世居民族。这些边境民族多是跨境民族,他们在长期的迁徙、定居和交往中互相融合,其来源可分为四种情况:一是从中国迁入越南的民族;二是居住原地的土著民族;三是从越南迁到中国的民族;四是从中国转老挝进入越南的民族。在广西这条带状的边境线上,壮族成了主体民族,靖西县是壮族人口比例最高的县,达 99% 以上。除东兴市、防城区外,那坡、靖西、大新、龙州、凭祥、宁明等地边民都有当地相通的壮语,而且普及率很高,是主要交际语言。据考证,中国边境的壮族与越南的岱族、侬族、布标族、拉基族、山斋族在历史上是同源民族,分居在国境两侧,至今仍然语言相通,习俗相近,联系密切,互相通婚,这是影响中越边境民族地区和平稳定和经济发展的十分重要的因素①。

二、广西边境民族地区经济社会发展状况

(一)2000 年以前广西边境民族地区经济社会发展状况

广西 1949 年 12 月全境解放,1951 年 5 月剿匪胜利完成,开始进入社会主义改造和建设。长期以来,由于受到自然地理因素、社会条件以及中越边境长期存在战争等状况②的制约,广西边境民族地区经济发展水平仍比较低,基础设施和社会事业落后,群众生活质量差,贫困面大。

第一,经济发展整体落后。在长期的战争环境中,边境经济和边境贸易发展受严重影响,财政收入很低(见表 2、图 2)。如边境贸易应是凭祥市主要财政来源,但在那个时期边贸和边境旅游几乎不存在,对凭祥的财政收入影响最大。

---

① 参见范宏贵:《中越两国的跨境民族概述》,《民族研究》1999 年第 6 期。
② 1945—1954 年援越抗法战争、1961—1975 年援越抗美战争、1979 年自卫还击作战,以及随后近十年不断的边境地区军事大小摩擦,整个广西都一直处于国家战备状态。直到1991 年中越关系正常化,1999 年中越签署了边界条约,广西才真正开始大力开展经济建设。

表2　1955—1978 年广西边境县财政收入状况举例①

单位:万元

年份 县市	1955	1960	1965	1970	1975	1978
那坡	71.7	184.6	203.9	272.3	479.4	742.9
靖西	157.0	637.0	607.0	631.0	979.0	1366.0
龙州	110.7	270.6	261.9	288.0	746.8	1034.7
大新	241.8	512.4	255.8	349.9	847.8	1149.0
凭祥	——	——	62.1	42.7	12.9	53.6
宁明	46.7	150.2	187.6	213.6	273.1	368.4
防城	131.0	856.3	464.6	657.0	113.16	632.5
东兴	—	—	—	—	—	—

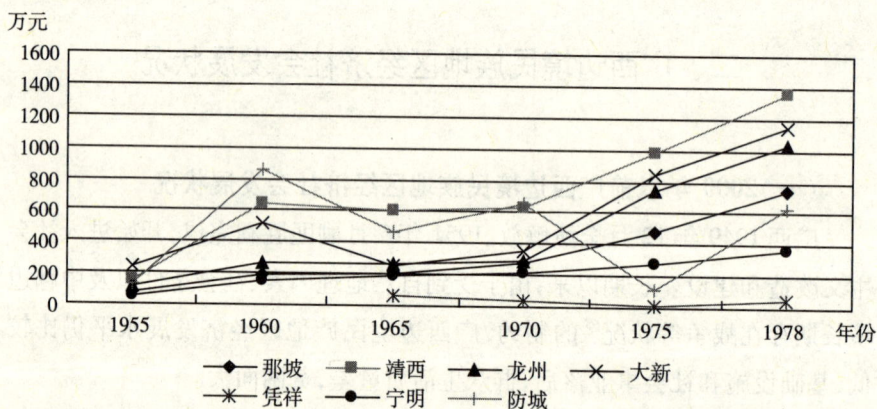

图2　1955—1978 年广西边境县财政收入状况图

直到 2000 年国家实施"兴边富民"行动之前,整个广西边境地区发展都还十分落后(见表3、图3)。以 1999 年为例,1999 年全国人均 GDP 为 6545 元,广西为 4264 元,而地处边境地区的靖西县为 2076 元,那坡县则仅有 1609 元;广西全区农民人均纯收入 2048 元,而靖西、那坡两县只有 1700 多元,同时

---

① 参见李春连:《建国以来中越边境民族地区经济发展环境研究:以广西边境八县(市、区)为视域》,广西师范大学出版社 2008 年版。

这两个县人均财政收入 100 元左右,其他的边境县平均也只有 200—300 元①。

表3 1991—2000 年广西边境县 GDP 状况表②

单位:万元

县市 年份	那坡	靖西	大新	龙州	凭祥	宁明	防城	东兴
1991	10766	26116	32960	22429	12538	33251	10492	—
1992	12453	28797	32937	26858	17516	41659	22328	—
1993	14560	36626	39687	32673	29771	50584	173471	
1994	22700	59823	52753	56352	38382	87813	204000	
1995	23601	74956	67761	76616	54834	115479	257573	49200
1996	26848	87835	73005	91834	72200	143929	222362	—
1997	29910	100379	81177	105340	81535	166908	303878	90793
1998	28343	105903	96946	97483	79769	147521	339661	102076
1999	28036	114102	92187	100537	86897	150145	356823	111063
2000	29383	121992	95234	103809	93855	147713	373233	120689

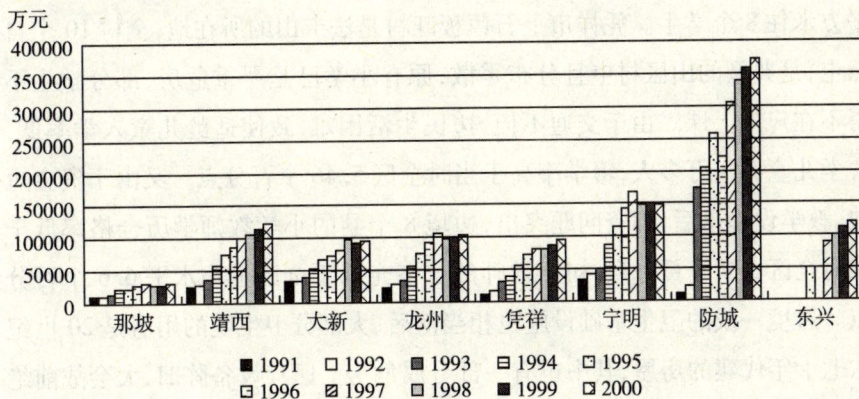

图3 1991—2000 年广西边境县 GDP 状况图

第二,基础设施薄弱。广西全区不通公路的行政村中,有相当部分是在

---

① 参见伍兆广:《开展边境地区基础设施建设大会战 促进边防巩固和边境繁荣》,广西扶贫信息网,http://www.gxfpw.com/ReadNews.asp? NewsID=5716.

② 参见李春连:《建国以来中越边境民族地区经济发展环境研究:以广西边境八县(市、区)为视域》,广西师范大学出版社 2008 年版。

8 个边境县。8 个边境县有近 500 个自然屯运送货物全部靠肩挑马驮；有600 多个自然屯不通电，有 10 多万人、数十万头牲畜饮水困难。交通、农业和整个社会公共事业的基础设施都比较薄弱。例如，东兴的江那村隐藏在大山深处，村民若要去市区，必须在界河里乘船，遇到下雨天还需绕道邻国。大会战期间，修通了沿边公路，才结束了与世隔绝的状态。开荒山、种特产、跑运输，是现在江那村村民的主要致富之路。

第三，社会事业发展落后。边境地区科技人员少，文化教育设施不足，许多乡镇文化教育活动、科普活动无法开展，有数万边境群众几年看不上一场电影，听不到广播，看不到电视。学校校舍危房多，据 2000 年的不完全统计，边境一线有危房的学校 231 所，面积共 10 多万平方米，缺少校舍近 15万平方米，多数教师和学生居住的是 20 世纪 60 年代的危旧平房。如宁明县桐棉小学在校学生 1000 多人，大会战前由于学校没有宿舍，许多学生上学要走几公里山路。学校只好挤出几间破旧平房作为学生宿舍，每间约 7平方米住 8 个学生。凭祥市上石镇板旺村是法卡山的所在地，全村 10 个自然屯，是典型的山区村屯且分布零散，原有小学已是严重危房，部分学生不得不在户外上课。由于交通不便，边民生活困难，致使适龄儿童入学率低，失学儿童有 1 万多人，辍学率高于当时全区 5.46 个百分点。又由于资金短缺、教学设施落后，师资问题突出，边境 8 个县的小学教师学历合格率低于当时全区 5.9 个百分点，初中教师的合格充低于全区平均水平 6.6 个百分点。边境一线的卫生基础设施也相当落后，大部分卫生院的用房是 20 世纪六七十年代建的房屋，其中也有一部分属危房。医疗设备陈旧，大会战前绝大多数乡镇仍以听诊器、血压计、体温计这些"老三件"给病人诊病，许多卫生院连普通的化验、消毒设施都不全，缺医少药问题严重，不能满足群众对医疗卫生保健的需要①。

---

① 伍兆广：《开展边境地区基础设施建设大会战　促进边防巩固和边境繁荣》，广西扶贫信息网，http://www.gxfpw.com/ReadNews.asp? NewsID=5716；庞革平、莫小康：《兴边富民亮边疆——广西边境基础设施建设大会战纪实》，中国共产党新闻网，http://dangshi. people.com.cn/GB/120281/10544450.html。

(二)2000 年以来广西边境民族地区经济社会发展状况

边境地区是少数民族的聚居区域,是国家的对外的门户和窗口,边境地区建设得好坏,直接影响到民族团结和民族繁荣,关系到国家的声誉和形象。边境地区的建设和发展,关系到民族团结、共同繁荣、巩固边防的重大政治问题。基于此,1999 年 9 月召开的中央民族工作会议提出:"继续推进'兴边富民'行动,为富民、兴边、强国、睦邻作出贡献,巩固祖国的万里边疆"的要求。2000 年 2 月,国家民委倡议发起"兴边富民"行动,作为党和国家实施西部大开发战略的一项重要举措,旨在加大对边境地区的投入,加大帮扶力度,使沿边一线的各族群众靠边脱贫、靠边致富,增强爱国主义,加强各民族大团结,最终达到富民、兴边、强国、睦邻的目的。主要任务包括:以解决温饱为中心的扶贫攻坚;以水、电、路、通信等为主的基础设施建设;以培育新增长点和形成特色经济为目的的产业结构调整;以加快周边区域经济合作和发展边境贸易为重点的对外开放;以普及 9 年制义务教育、扫除青壮年文盲和推广先进适用科技为主的社会进步;以繁荣少数民族文化为宗旨的文化设施建设;以退耕还林还草为重点的生态环境保护建设。

2000 年以来,广西利用国家民委和财政部安排的兴边富民行动专项资金 15800 万元,地方配套资金 2556 万元,实施了 1194 个兴边富民行动项目,使边境地区基础设施条件显著改善。在国家兴边富民行动政策的大力支持下,广西先后组织实施了三次规模巨大的边境兴边富民行动基础设施建设大会战,共投入资金 37.9 亿元,实施项目 79361 个,使边境地区发生了巨大的变化。其中从 2000 年到 2002 年,开展第一次边境建设大会战,投入资金 21.6 亿元,用两年多的时间,为 8 个边境县办了 24 件实事,建设项目17927 个。2008 年,开展边境 3 公里范围内兴边富民行动基础建设第二次大会战,投入资金 4.56 亿元,安排建设 10 大类 14053 个项目,用一年的时间,解决离边境线 3 公里内的村屯基础设施落后的突出问题。2009—2010年又开展 3—20 公里兴边富民行动基础设施建设第三次大会战,共投入资金 11.7 亿元,安排建设 9 大类 47381 个项目,用两年时间,集中力量解决边境 3—20 公里范围内村屯交通、安全饮用水、茅草房改造等突出问题,切实了改善边民的生产生活条件。兴边富民行动取得了显著成效,使边境地区的基础设施、学校、文化卫生事业等面貌一新。

第一，基础设施及群众生产生活条件明显改善。公路建设得到快速发展。南宁至防城港市、南宁至凭祥市两条高速公路和沿边725公里柏油路的开通，大大地提高边境县市的交通运输能力；边境84个乡镇基本实现乡乡通柏油或水泥等级公路，1012个行政村中有420个行政村通等级公路，部分自然屯通油路或水泥路；边境口岸、旅游点，边民互市点，边防连队等的道路都得到了明显改善；8个边境县（市、区）绝大部分村屯实现了通电和通电话目标；大部分边境村屯解决了饮水难的问题；边境危旧房改造扎实推进，边民住房条件明显改善，大多数边民有了稳固住房，边境贫困户告别了茅草房，危房户也逐步减少。

第二，地方财政收入及居民收入水平大幅度提高。边境县（市、区）地区生产总值从2000年的9.12亿元，增加到2009年的303.36亿元，翻了5.1番；财政收入从6.14亿元，增加到33.25亿元，增长441.5%。2009年东兴市农民人均纯收入5883元，排名全区第一，比2000年增长158%；防城区农民人均纯收入5134元，排名全区110个县市区第八，比2000年增长78.6%；其余边境县（市）农民人均纯收入也有了较大幅度的增长。

第三，开放合作、边境贸易及口岸建设步伐加快。边境县市依托自身丰富的资源优势和面向东盟的区位优势，充分利用"两个市场、两种资源"，积极实施"请进来"和"走出去"战略，进一步提升口岸功能，扩大对外经济技术交流与合作。凭祥市国际物流园建成，使口岸年通关能力达到300万吨以上，成为我国机电、大型汽车等出口东盟国家和红木进口的最大通道；综合保税区的建立，极大提高开放合作水平。目前，边境城市崇左市有进出口业绩的外贸企业195家，有11家外贸企业进入广西年度出口额前50强企业行列，外贸进出口总额实现19.5亿美元，增长71.03%。东兴市成功举办中越商贸旅游博览会，签约项目20个，总投资38.29亿元，商品展销零售总额3344万元。其他边境县市的贸易额也有大幅度的提高。

第四，特色支柱产业逐步形成规模。边境地区特色支柱产业初具规模。广西蔗糖产量占全国总产量的60%以上，而边境的"甜蜜"事业占全区蔗糖产量的30%多。靖西县铝工业园年产量160万吨，实现年总产值22.42亿元,已成为广西三大氧化铝基地之一。甘蔗业、烤烟业、桑蚕业、旅游业和矿产资源开发等已成为边境地区特色支柱产业。

第五,社会各项事业得到较快发展。截至 2009 年底,仅民委系统就投入边境地区科教卫生等社会事业 3544 万元,建设完成 1212 个项目。在教育方面,加大九年义务教育工作力度,认真落实"两免一补"政策,实施"中小学校危房改造"、"西部地区农村寄宿制学校建设工程"等,使边境地区中小学教学得到全面发展。龙帮中学、其龙小学等一批国门中小学的建设,为边境地区创造了良好的教学环境。在文化方面,边境地区逐步完善文化馆、图书馆、博物馆、电影院及篮球场等文化体育设施,扩大电视覆盖率。宁明县"花山壁画"、东兴市京族"独弦琴"、龙州县红八军纪念馆和独特的"天琴"表演、靖西的壮锦和绣球等边境少数民族传统文化得到有效的保护、挖掘、传承和发展,民族旅游业迅速发展。医疗卫生方面,边境地区乡镇卫生院逐步配备救护车、X 光机、心电图机、胎儿监护仪、超声波诊断仪等医疗设备。新型农村合作医疗全面展开,边境八县市的参合率达到 85% 以上。

第六,生态环境保护和建设取得积极进展。在兴边富民行动中,广西积极开展封山育林、退耕还林、石山地区石漠化治理等工作,对重点污染源、重点江河、城乡安全饮水水源等进行综合治理,促进了边境地区生态文明和可持续发展。①

尽管广西边境地区经济社会得到较快的发展,但由于基础差、底子薄,除个别边境县的经济发展相对较好外,绝大多数边境县,无论是人均地区生产总值水平,还是人均财政收入、农民人均收入,都远低于全国的平均水平(见表4)。在整体经济实力相对落后的情况下,国家和广西地方政府每年都必须向这些边境县划拨专项财政补贴,否则这些县将难以维持日常工作的正常运转。

---

① 国家民委经济发展司:《广西:集中各方力量以大会战方式　强力推进兴边富民行动深入实施》,http://www.seac.gov.cn/gjmw/zt/2010—11—21/1290148184667641.htm.

表4　2009 年广西边境县经济发展主要指标统计表

县市	国内生产总值 （万元）	县财政收入 （万元）	城镇居民人均 可支配收入(元)	农村居民人均 纯收入(元)
那坡	100895	7853	11305	2353
大新	475000	58000	12050	4257
龙州	376057	18910	12981	3683
凭祥	243200	41500	15920	3827
宁明	401000	40967	12446.5	5413
靖西	411800	51680	11210	2532
东兴	366156	43054	18984	5883
防城	510140	40295	9778	4676

三、广西边境民族地区周边的越南发展状况

（一）越南与中国的历史渊源

越南历史源远流长。据传说,越南第一个国家——文朗国（后改名为瓯雒国）是在青铜器时代建立的,文朗国沿袭了几十个世纪。公元前 3 世纪,秦始皇派军队征服百越,越南置于象郡辖下。秦末农民战争时,秦朝的龙川县尉赵佗脱离秦朝统治,在岭南建立南越国,首都南海（今广州）,这是越南人认为的越南历史上第一个独立国家,但在相当长的时间内,南越国仍是西汉的附庸国。公元前 111 年,南越国公开反叛汉朝,汉武帝派兵击灭南越国,在其地设置九个郡县。自此,越南被纳入中国版图,置于中国直接统治下长达 1060 多年,从此开始有大量的中国中原人因逃避自然灾害和战乱移民越南。公元 10 世纪,五代十国时,越南从中国分裂出去,建立了独立的国家,但一直作为中国的藩属国,名为大越国。1010 年迁都升龙（今河内）建立中央集权封建国家。19 世纪后期,法国对越南进行殖民侵略,清朝派兵援助越南。1884 年法国侵略军最终击败清军和越南军,占领越南全部领土,越南沦为法国保护国。1945 年 9 月 2 日越南宣布独立,成立越南民主

共和国。同年9月法国再次入侵越南,越南进行了艰苦的抗法战争。

中越两国于1950年1月18日建交,还没从内战中恢复、经济严重困难的中国开始向越南无偿提供了累计达几千亿人民币的资金和几百万吨的物资。在中国支援下,越南军民1954年5月取得了"奠边府战役"的胜利,迫使法国于1954年7月20日在日内瓦签订了关于在印度支那恢复和平的协议,越南北方获得解放,南方仍由法国统治。1955年7月17日,美国撕毁了《日内瓦协议》,取代法国在越南南方的地位,设定了所谓越南共和国,越南南方沦为美国新殖民主义的殖民地。1961年,越南战争爆发,美国与韩国、菲律宾、泰国、澳大利亚、新西兰等国组成联军,介入了这场战争,越南开始进行抗美救国战争。越南爆发战争后,中国把大量物资无偿赠送给越南并派出大量科技人员帮助越南发展工业,支持越南作战。1973年1月越美在巴黎签订关于在越南结束战争、恢复和平的协定,美国承认越南民主共和国在国际上的法律地位,退出越南战争,从越南南方撤出全部军队及其同盟者军队和军事人员。1975年5月南方全部解放,1976年4月选出统一的国会,7月宣布全国统一,定国名为越南社会主义共和国。1979年,越南发动了大规模排华暴乱,大肆驱赶在越华侨,并不断侵占中国边境领土,还侵占了中国南沙群岛96%以上的岛屿,最终中国于1979年进行了对越自卫反击战。1986年越共实行革新开放,对外调整与中国及东盟邻国的关系,对内进行经济体制改革,使越南走上正确的发展道路。[1]

(二)越南与中国的经济文化交流

越南是中国的南邻之一,也是中国人民最早熟悉并与之交往的国家之一。从地理上看,越南与中国两国壤地相接、山海相连、唇齿相依,海上与陆地交通发达。由于地缘、经济和文化诸方面的原因,越南与中国有着极为密切的双边关系,边境线上有壮、苗、瑶、京、彝等少数民族跨境而居。如广西的壮族和越南的岱族、侬族,在历史上是一个民族,源于古代百越,现跨中越两国国境而居。广西的壮族有200多万人分布在中越边境中方一侧的各

---

[1] 越南_百度百科,http://wenku.baidu.com/view/cec33e08763231126edb1108.html.

县。在越方一侧,居住着与壮族有着密切关系的岱族和侬族。岱族有 90 多万人,侬族有 60 多万人。历史上在中国岭南地区和越南北部部分地区先后出现的百越、西瓯、骆越、乌浒、便、僚、土人、侬人、僮等族称,与今天广西的壮族与越南的岱族、侬族是一脉相承的,这些称谓是不同历史时期人们对壮、岱、侬族先民的称呼。跨境而居的民族如此之多,从一个侧面反映中国与越南的两地民族血缘关系之密切,经济文化交往之久远及社会风情背景之近同。

自古以来,中国与越南在人员、商贸、政治、文化上经济文化交流就是在近同的文化背景中进行的。早在新石器时代,生活在中国南方的百越民族就开始了经陆路向亚洲中南半岛的迁徙,随之带去了中国新石器文化。约在公元前 5 世纪至公元 2 世纪,越南发生民族迁徙的浪潮。这次民族迁徙浪潮,带去了中国青铜器文化。其后,中国南方百越民族在不同历史时期向越南的迁徙,则自然带去了不同时期的中国文化。由于汉唐以来,一直到鸦片战争以前,中国传统文化在亚洲一直处于领先地位,而当时与中国相邻的越南文化科技比较落后,所以很容易接受中国传统文化的影响。中国传统文化对越南文化的影响,时间跨度长涉及面广、影响程度深。当然,中国传统文化也吸取了越南的某些精华,从而更加丰富了自己。越南与中国的历史交往,大大促进了彼此经济文化的发展和社会生产力的提高,使中国人民和越南人民结下了深厚的友谊。因此,彼此都希望了解双边经济社会交往的历史和现状,以便增进现时和将来的双边交流,有利于各自的国家利益和民族利益。在未来的历史进程中,随着中国和越南经济建设的飞速发展和社会进步,双边的友好合作关系也将进入一个不断发展,更加密切的历史时期。①

(三)越南经济社会发展概况

越南属发展中国家,经济以农业为主。1986 年越共"六大"确定实行革新开放路线,1996 年越共八大提出要大力推进国家工业化、现代化。2001

---

① 参见王介南:《中国与东南亚文化交流志》,上海人民出版社 1998 年版,第 1、2、11、23 页。

年越共九大确定建立社会主义定向的市场经济体制,并确定了三大经济战略重点,即以工业化和现代化为中心,发展多种经济成分、发挥国有经济主导地位,建立市场经济的配套管理体制。2001年后继续贯彻"以经济建设为中心"方针,努力推进国企改革和金融机构改革、加大科技投入、进一步改善投资环境、刺激消费、加大扶贫力度。2006年越共十大提出发挥全民族力量,全面推进革新事业,使越南早日摆脱欠发达状况。经过20多年的革新,越南经济保持较快增长,经济总量不断扩大,三产结构趋向协调,对外开放水平不断提高,基本形成了以国有经济为主导、多种经济成分共同发展的格局。2009年,越南的国内生产总值约为888亿美元,国内生产总值增长率为5.23%,人均国内生产总值1110美元。①

为了充分发挥越南边境地区的资源和地缘优势,扩大越南对内对外开放,改善边民生产生活状况,达到增强边民对祖国的凝聚力和向心力以及巩固国防的目的,越南政府制定了多项边境社会经济发展的政策措施。1991年中越关系正常化后,越南政府为了鼓励战时迁到内地的居民重新回到边境地区原驻地,采取了国家免费建房、发放牲口、化肥,边境地区群众看病全免、适龄儿童入学全免,以更优惠措施吸引群众定居边疆,守土戍关,维护边境地区社会稳定。与此同时,越南政府对中越边境沿线的民族山区,一律实行免费医疗、免费防疫,对边民子女全部采取免费教育,并且对贫困学生、少数民族学生还给予生活补助。自2001年始,越南政府对边境一线5公里以内的边民又采取多项政策照顾:一是对边境一线农户每户每年给予补助300元的造林费;二是对初中以下学龄儿童免交学费,边民子女考上大学的政府给予资助,教师工资与中央国家机关公务员同等;三是边民看病给予免医药费的70%;四是边民免交农业税;五是凡是到边境一线定居的越南边民,政府将一次性发给每人相当于3000元人民币的安家补助费;六是政府扶持每户边民茅草房改造费用3000—5000元人民币。越南政府实施的这些边境社会政策,不仅使边民对国家边界的相关法律法规得到宣传教育,并引导边境群众参与边界建设,维护边界地区稳定,为边界建设工作营造良好

---

① 越南国家概况,http://www.fmprc.gov.cn/chn/pds/gjhdq/gj/yz/1206_45.

的工作环境,对社会安宁和边防巩固影响巨大。①

四、广西边境民族地区教育
发展面临的机遇与挑战

(一)中越边境良好的和平环境

新中国与越南于 1950 年 1 月 18 日正式建交。60 多年来,中越有过联合抗美的经历,也彼此因领土争端发生了多次交战。在长期的革命斗争中,中国政府和人民全力支持越抗法、抗美战争,向越提供了巨大的军事、经济援助,越南视中国为"可靠后方"和坚强后盾,两国在政治、军事、经济等领域进行了广泛的合作。20 世纪 70 年代后期,中越之间爆发战争,双边关系恶化。直到 1991 年 11 月,中越关系才实现正常化。进入 21 世纪以来,在"长期稳定、面向未来、睦邻友好、全面合作"十六字方针和"好邻居、好朋友、好同志、好伙伴"精神指引下,两国关系连续迈上新台阶,建立了全面战略合作伙伴关系,各领域合作成果丰硕,边界领土问题逐步解决,在国际和地区事务中保持配合。时至今日,两国都淡化曾经发生的冲突,都有迈过领土争端、友好共荣的战略需求(见表 5)。当然,由于历史原因及现实领土争议等问题,一些越南人始终对中国心存芥蒂,越南民间还有一些强烈的民族主义者和历史研究者把中国当作公开的竞争者和潜在的敌人来对待,而不情愿看到政府与中国完全和睦相处。然而,中越加强睦邻友好,深化互利合作,符合两国人民的共同愿望和根本利益,有利于地区的和平、稳定与发展,给广西边境民族地区教育发展带来了良好的和平环境。

---

① 参见黄伟生:《越南促进边境地区经济社会发展的政策及其对我国的启示》,《学术论坛》2008 年第 11 期。

表5　中越关系发展大事记①

时间	事件
1950 年 1 月 18 日	中越建交。
1962 年	此后十多年,中国援越抗美。
1979 年 2 月	中越之间爆发战争,此后十多年间,中越之间冲突不断。
1991 年 11 月	中越关系正常化。
1993 年	中越确定"长期稳定、面向未来、睦邻友好、全面合作"16 字方针。
2004 年 10 月	《中越联合公报》发表。
2005 年 7 月	陈德良主席对中国进行国事访问,两国发表联合公报。
2005 年 10 月	中共中央总书记、国家主席胡锦涛对越南进行正式友好访问,双方发表《中越联合声明》。
2006 年 8 月	越共中央总书记农德孟对中国进行正式友好访问,双方发表《中越联合新闻公报》。
2006 年 11 月	中共中央总书记、国家主席胡锦涛对越南进行国事访问,胡锦涛就推进新时期中越关系提出四点建议,两国发表《中越联合声明》。
2007 年 5 月	越南国家主席阮明哲对中国进行国事访问,两国发表《联合新闻公报》。
2008 年 5 月	越共中央总书记农德孟对中国进行正式友好访问,双方发表《中越联合声明》。
2008 年 10 月	阮晋勇总理对中国进行正式访问并出席第七届亚欧首脑会议。这是阮晋勇 2006 年就任越南总理以来首次正式访问中国。两国发表联合声明。
2009 年 11 月 18 日	中越陆地边界勘界文件签字仪式在北京举行。中越陆地边界经过双方历时 10 年的共同努力已全线勘定。
2010 年 7 月	中越陆地边界勘界议定书等法律文件生效。
2010 年 8 月	中越两国在广西举行中越青年大联欢活动。

(二)广西的区位优势正转化为发展优势

近年来,随着中国—东盟自由贸易区建设的加快、中国—东盟博览会的成功举办,以及泛北部湾经济合作、大湄公河次区域合作、泛珠三角区域合

---

① 中越建交 60 周年大事记,http://www.huanqiu.com/zhuanti/china/zhongyue60nian/.

作等多区域合作的深入推进,广西在国际国内区域合作中的战略地位和作用日益凸显。一度作为边陲地区的广西从一个相对封闭、边远的省份一举跻身地缘经济的中心,成为连接中国内陆地区与东盟的重要通道,成为中国对外开放的前沿,成为中国—东盟自由贸易区的核心区,成为多区域合作的交会点和交通枢纽。

在此背景下,国家2008年1月批准实施《广西北部湾经济区发展规划》,把广西北部湾经济区开发开放正式纳入国家发展战略,提出要把广西北部湾经济区建设成为中国—东盟开放合作的物流基地、商贸基地、加工制造基地和信息交流中心,成为带动、支撑西部大开发的战略高地和开放度高、辐射力强、经济繁荣、社会和谐、生态良好的重要国际区域经济合作区。为此,国家明确给予五大方面的政策,大力支持北部湾经济区开放发展:一是综合配套改革方面的政策支持。国家支持推进行政管理体制、市场体系、土地管理制度等综合配套改革。二是重大项目布局方面的政策支持。国家在有关规划、重大项目布局及项目审批、核准、备案等方面给予支持。三是在保税物流体系方面的政策支持。国家支持北部湾经济区在符合条件的地区设立保税港区、综合保税区和保税物流中心,拓展出口加工区保税物流功能。四是在金融改革方面的政策支持。国家支持在北部湾地区设立地方性银行,探索设立产业投资基金和创业投资企业,扩大企业债券发行规模,支持符合条件的企业发行企业债券。五是在开放合作方面的政策支持。国家支持北部湾经济区发挥开放合作示范作用,推动泛北部湾经济合作成为中国—东盟合作框架下新的次区域合作,建立和完善开放合作机制,加快实施合作项目。把广西北部湾经济区建设成为重要国际区域经济合作区,不仅有利于加快广西发展、巩固民族团结、维护边疆安宁,而且有利于完善我国沿海沿边区域发展布局,有利于深化中国与东盟合作。这既是广西发展的需要,更是国家整体发展战略的要求,不仅对整个广西发展意义重大,而且对推进中国—东盟自由贸易区建设、带动我国西南以及西部地区的开放发展,都具有重大的现实意义和深远的战略意义。

为加快广西经济社会发展,促进各民族共同繁荣进步,2009年10月28日国务院常务会议通过《国务院关于进一步促进广西经济社会发展的若干意见》(以下简称《意见》),进一步明确了新形势下广西发展的目标、任务和要求,提出支持广西发展的一系列政策措施。《意见》确定的广西经济社会发展战略任务是:打造区域性现代商贸物流基地、先进制造业基地、特色农业基地和信息交流中心;构筑国际区域经济合作新高地;培育我国沿海经济发展新的增长极;建设富裕文明和谐的民族地区。为此,国家将支持广西建设一批重大产业、交通、能源、水利、生态环保和社会事业等项目,促进完善产业布局、提升基础设施支撑能力和基本公共服务均等化;支持广西发挥区位优势,扩大以面向东盟为重点的开放合作,赋予广西在深化改革方面先行先试的若干政策;支持广西加大扶贫开发力度,赋予帮助解决特殊类型地区改善生产生活条件的特殊政策。这是国家在新时期对促进广西又好又快发展的重大支持。《意见》指出:要优先发展教育事业。巩固提高义务教育,大力发展职业教育,稳步发展普通高中教育,积极发展高等教育,逐步缩小与全国教育平均水平的差距。完善农村义务教育经费保障机制,实施中小学校舍安全工程,加大农村教师培训力度,推进农村义务教育阶段学校教师周转房建设。建设一批乡镇示范幼儿园。加强职业院校基础能力建设,扩大对特殊困难地区的招生规模。提高高中阶段毛入学率。大力发展民族教育事业,加强民族团结教育。落实扶持政策,促进民办教育健康发展等。

国家对广西经济社会发展的高度重视,既为广西边境民族地区教育发展提供了良好的机遇,开辟了广阔的前景,也对广西边境民族地区教育发展提出了更高要求。近十年来,在国家的大力支持下,广西的区位优势正转变成经济发展优势,经济社会得到快速发展,2004—2009 年全区生产总值增长都保持在两位数以上[①](见图 4)。

广西经济的快速发展,为边境民族地区教育事业的发展提供有力的经济基础和物质保障。根据全国教育经费执行情况统计,2004—2008 年,广西年预算内教育拨款增长与财政经常性收入增长都逐年增长(见表 6、图 5)。

---

① 2004—2009 年广西国民经济和社会发展统计公报,广西壮族自治区人民政府门户网站 (www. gxzf. gov. cn,2010—05—06),http://www. gxzf. gov. cn/gxzf_gxgk/gxgk_gxgmjjhshfz-tjgb/.

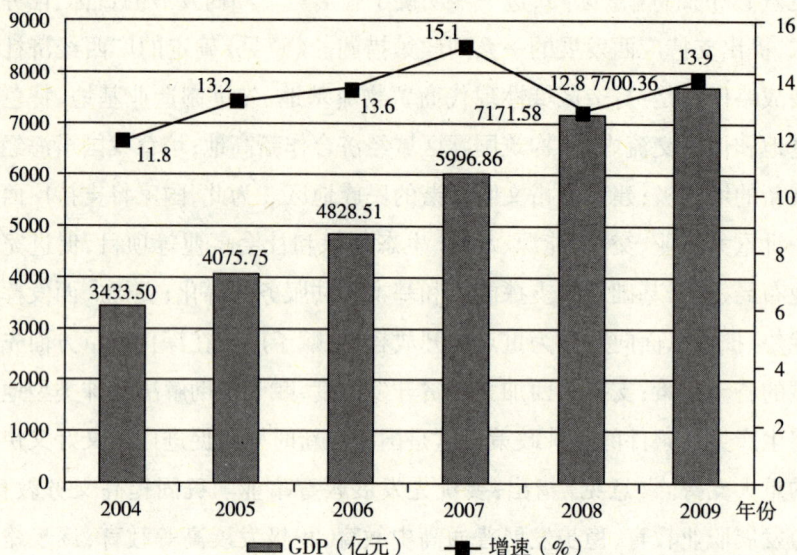

图4　2004—2009年广西生产总值及其增长速度

表6　广西预算内教育拨款增长与财政经常性收入增长比较情况表

年份	预算内教育拨款本年比上年增长（%）	财政经常性收入本年比上年增长（%）	增长幅度比较
2004	13.38	12.46	0.92
2005	16.03	13.61	2.42
2006	27.96	32.07	−4.11
2007	30.85	17.15	13.70
2008	30.77	26.63	4.14

　　当然,由于广西的经济社会基础较薄弱,投入的总量与发达地区省份相比还是相当低的,这种情况也将随着广西经济的快速发展而得到逐步改善。广西的经济发展,增加了教育的经费投入,促进了教育的发展,广西边境民族地区的教育也将迎来更大的发展。

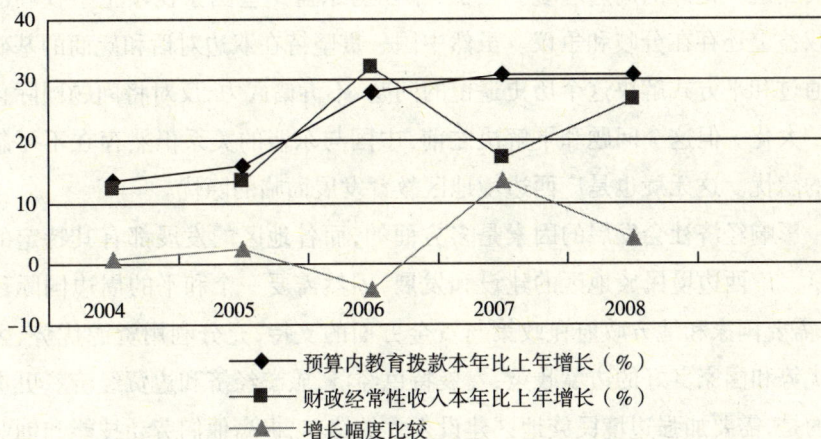

图5 广西预算内教育拨款增长与财政经常性收入增长比较情况图

(三)中国—东盟区域性交流合作已被列为国家重要外交战略

中国和东盟国家山水相连,是传统的友好邻邦和伙伴。对中国来说,东盟是近邻,属战略上攸关国家安全的地区。对东盟来说,中国提供了美日之外的另一个选择。1991年中国与所有东南亚国家建交或复交,并与东盟建立对话关系,中国当年成为东盟的全面对话伙伴国。近20年来,双边关系迅猛发展,双方在政治、经济、社会文化等多个领域合作不断深化和拓展,在国际事务中相互支持、密切配合。在政治领域,中国坚定地奉行"与邻为善、以邻为伴"的周边外交方针和"睦邻、安邻、富邻"的周边外交政策,与东盟10国分别签订了面向未来的战略伙伴关系政治文件。在与东盟的战略合作层面上,中国于2003年作为域外大国率先加入《东南亚友好合作条约》,与东盟建立了面向和平与繁荣的战略伙伴关系。2010年初中国—东盟自由贸易区全面建成以来,依托经贸往来的双边友好关系又站上了一个新的历史起点。目前,双方建立了较为完善的对话合作机制,主要包括领导人会议、9个部长级会议机制和5个工作层对话合作机制。实现双赢,同时带动亚洲走向和平与繁荣,成了中国与东盟国家共同的目标与期待。中国与东盟的友好合作关系不断迈上新台阶,不仅持续造福双方人民,对维护和促进亚洲和平、稳定、繁荣具有至关重要的意义,而且为广西边境地区教育发展创造了良好的周边环境。当然,中国与东盟一些国家在领土主权和海洋权益上还存在分歧和争议。虽然中国一贯坚持在双边对话和磋商的基础上通过和平方式解决这个历史遗留的问题,不诉诸武力,反对将问题国际化和扩大化。但这个问题和平解决之前,中国与东盟的关系仍然存在不可忽视的隐忧。这无疑也是广西边境地区教育发展面临的隐忧。

影响经济社会发展的因素是多方面的,而各地区的发展都有其特定的因素。广西边境民族地区的建设和发展,固然需要一个和平的周边国际环境,需要国家和地方政府在政策与资金方面的支持,充分利用资源优势、区位优势和国家良好的边境政策,发展特色经济、旅游经济和边贸经济。更重要的是,需要加强边境民族地区建设人才的培养,提高他们劳动技能和创业能力,教育他们热爱家乡、立志建设家乡,在升学、就业和人才的录用和提拔等方面,给予相应的政策支持,这样有利于边境地区培养人才、留住人才和使用人才。边境民族地区的经济社会发展,教育成为关键,在建设边境、发展边境民族地区经济的同时,应把边境民族地区的教育摆在优先支持和发展的战略地位,使边境民族地区的教育成为促进当地经济发展的动力基础,实现边境民族地区经济、教育和文化发展的良性循环,促进边境民族地区经济社会的可持续发展。

第六章　现实盘点:广西边境民族地区教育发展的现状

由于军事、地理位置、自然条件以及社会历史等各种因素的交互影响,包括广西在内的我国边境民族地区教育,一直处于相对滞后的局面,远远落后于国内教育发展的平均水平。边境民族地区教育是国内整体教育事业发展的一个有机组成部分。为了更好地帮助边境民族地区的教育实现快速持续的发展,新中国成立以来,党中央和地方各级政府,从政策、财力和人力等方面给予种种有力措施,帮助、扶持边境民族地区大力发展教育,改善办学条件、增强办学效益、提高办学质量。近30年来,广西边境民族地区在国家和广西各级政府诸多政策和措施的惠泽下,广西边境民族地区教育取得了显著的成绩,办学条件和办学效益与教育质量都有明显改观。

一、学校布局:从分散办学逐渐走向集中办学

学校的布局总是受到一定社会经济、政治、文化、人口、地理位置等因素所限制。多年来,广西边境地区的学校呈现出分散办学的格局。最明显的表现是:几乎每个村、屯都设立有学校或教学点。这种以村、屯为基础的学校布局,显然与当时的经济特点、人口分布等有极大的关系。例如,在20世纪90年代以前,边境地区主要以家庭承包制为特征的农业经济,需要比较多的劳动力投入劳动,以村、屯为基础的学校布局,可以方便学生放学后为家里做事。而且,当时边境地区农村人口也比较多,一个村屯的学生往往也会有几十人,基本上能合成一个班,并且通过复式教学开展相应的教学。正

是在这种布局分散的学校里,边境地区的学生受到相应的教育。随着国家经济结构的调整以及人们生育观念的变化导致人口出生率有所下降,过去以村屯为基础的学校布局,逐渐显现出其不适应社会发展的不足与缺陷:如学校办学成本增加,教学管理难度大,学校教学质量难以得到保障,等等。在这种背景下,整合有限的教育资源,进行集中办学就成为必然之举。

自 2001 年以来,广西响应教育部关于推进义务教育学校布局调整的政策,因地制宜地对全区边境县的部分学校和教学点进行有效撤并。在撤并的过程中,遵循因地制宜、科学规划、先易后难、逐步实施、规模办学、提高效益的原则,以乡镇中心小学和村民居住相对集中的村完小为重点,并在每所乡镇建设一所规模较大的寄宿制学校,招收周边学校高年级的学生到该校就读,重点投入,提高教育教学质量和效益。如宁明县通过撤、并、扩等措施,共撤并了 7 所中学,12 所村完小和 529 个教学点,使过度分散、质量不高的初级中学、村完小和教学点分别由原来的 22 所、170 所和 656 个撤并为目前的 16 所、158 所和 128 个。据统计,2009 年广西 10 个边境县、市、区(含两个享受边境待遇的县)共有 1003 个教学点,299 所幼儿园(含公办、集资合办及私立幼儿园),1515 所小学,178 所初级中学,12 所中等职业技术学校,25 所普通高中,5 所教师进修学校。

通过调整布局,教育资源得到了整合,广西边境民族地区的学校布局由遍地开花的麻雀式零星办学趋向统一合理化集中式办学,大大减少了不必要的教育成本,提高了教育资源的利用率,增强边境民族地区学校的整体办学效益。

正如任何事物都同时具有积极性与消极性一样,集中办学也是如此。一方面,边境地区的集中办学确实在提高教育资源利用率、提高办学效益与办学质量等方面,具有特殊的意义。但是,另一方面我们也必须清醒地看到,集中办学也带来了一些新问题。如集中办学导致了大班、合班上课现象突出,学生生均教学资源、生活资源严重不足、学生工作管理难度加大等。

二、办学条件:从绝对贫困走向相对贫困

进入 21 世纪以前,广西边境地区的教育资源严重不足:表现在教育经费极度匮乏、师资数量普遍欠缺且素质不高、校舍面积严重不足且危房现象突出、教学基础设施简单且功能不全。据不完全统计,实施边境建设大会战前,广西边境一线有危房学校 231 所,危房面积 10 多万平方米,缺少校舍近 15 万平方米,失学儿童 1 万多人。一言以概之,边境地区教育发展的办学条件无不显现出极其贫困的状况。无疑,除了当时边境地区本身的经济结构以及经济展水平外等因素外,边境战事的存在或潜在的威胁是造成当时边境地区教育办学条件绝对贫困状态主要原因。边境地区教育办学条件的极度贫困,表面的后果只是让当时边境地区的人们无法接受比较正常的基础教育,使他们被迫成为或可能成为“青壮年文盲”,但最为深远的后果却是让边境地区的几代群众产生对教育的误解,人们对自己或自己的孩子接受教育普遍持有一种“读书无用论”消极的思想。即使边境战争结束多年之后的现在,边境地区许多家长仍未能树立起对教育的信心。“适龄儿童入学率难以保持、在校学生辍学情况严重”仍是边境地区学校最为明显的特征,边境地区义务教育达标巩固任重道远,使得边境地区和谐社会的构建以及各民族的共同繁荣缺少相应的教育文化基础。正是因为教育的极度贫困所带来的不可估量的严重后果,近年来国家和广西政府实施了一系列针对边境地区教育发展的工程和项目,投入大量的资源,帮助边境地区教育从绝对贫困中走出来。

边境大会战等系列项目的实施,特别是 2000 年和 2008 年实施的“边境地区基础设施建设大会战”和“兴边富民行动基础设施建设大会战”,新建、维修中小学校 962 所,新建、改扩建校舍 55.46 万平方米。

第一,薄弱学校和危房改造成效明显,无 D 级危房,校园环境大大改善。广西边境县的中小学,已无 D 级危房存在,学生生均校园面积基本达到国家有关标准,基本实现“学生班班有教室、人人有课桌椅、寄宿学生有

公寓楼"的目标,学生能安全、安心地在学校、教室接受教育和生活。

第二,学校教学设备设施配备较好,远程教育"三个"模式①基本覆盖全部中小学校。现代远程教育技术在各学校得到较好应用,教育管理信息化和教育教学现代化程度不断提高,为学生"学得好"创造了良好条件。广西边境县完全小学和初级中学的教学设备设施配备达标率均为100%,远程教育的三个模式基本上覆盖各边境县的初中和村完小,告别了以往无法分享其他地区优秀教师课堂实录和先进的教育教学经验的时代,教育教学信息的获取、交流与分享变得快捷和顺畅,逐渐缩短了与发达地区教育之间的差距。

第三,生均图书资料、体育与艺术器材配备等达到标准。目前,广西边境民族地区中小学的教学仪器设备、图书及体育、劳技、卫生等各类教学设施建设的力度得到很大的改善,基本实现城镇中小学校规模、校舍、课桌椅、操场、环境"五达标",达到自治区"普实"要求。

经过近30年的建设与发展,广西边境县民族地区学校的办学条件,无论在校园危房改造、教学基本设施购置、教学图书与器材等方面,相对而言,都有了极其明显的变化。当然,随着人们对教育越来越高的期望,学校办学资源的绝对不足所造成的办学条件相对贫困几乎是当今所有学校都面临的一个"无解"的问题,广西边境地区学校亦是如此。

三、教育经费:从投入较少到逐年增多

20世纪90年代以前,广西边境地区学校办学条件差,在很大程度上表明了当时教育经费投入不足。客观地看,广西边境地区教育当时投入少有其深刻的时代背景。一方面,当时中国尚处于改革开放的初期阶段,经济体

---

① 模式之一是教学光盘播放点:每套包括一台电视机、一台DVD机和一套教学光盘。模式之二是建立卫星教学收视点,每套装置包括一套卫星接收系统,一台计算机及其相应的外设,以及电视机、DVD机和成套的教学光盘。模式之三是建立计算机教室,每套装置主要由卫星教学收视系统、多媒体教学系统和联网的计算机教室系统构成。

制改革和经济结构调整所带来的积极效果和成果尚未能完全显现出来,比较而言中国整体的经济实力相对落后,无法在教育领域中投入更多的财力和物力。另一方面,当时以"经济建设为中心"的主导思想被人为地放大,致使"物质生产"成为衡量和评价各行业或领域发展的主要甚至是唯一尺度。而教育、文化等以"精神产生"间接参与"物质产生"的行业或领域所特有的功能,一度被忽视、被边缘化甚至被误解,致使教育文化事业投入低于整个国民生产总值的3%,远远低于其他发达国家的水平。另外,广西边境地区或隐或现的边境战事问题,使得边境地区的稳定与安宁存在诸多的不确定性因素,边境地区教育发展的前景难以明朗,也使得政策制定者在对包括广西边境地区在内的边境教育发展投入上持保守意见。总而言之,由于整体经济发展水平、战争的威胁以及人们对教育文化功能忽视、淡漠甚至是误解,使得包括广西边境地区在内的边境教育发展问题在政策、体制上都无法得到更多的支持。

随着"两手都要抓,两手都要硬"、"经济要发展,教育要先行"等思想的确立,以及伴着国家实力强盛带来的边境地区的逐渐安宁与稳定,边境地区教育发展的功能与战略意义得到人们普遍的赞同,国家和政府对边境地区的教育投入逐步增加。相比20世纪七八十年代,广西边境地区近些年来获得的教育经费有很大的增加,且呈现出逐年增加及专项预算投入的特点。如近年来,中央和广西政府以及其他渠道的经费投入广西边境大会战、普九工程、中小学校舍危房改造、学生宿舍修建、教师安居工程等项目累计达到16个亿,用于新建教学楼、宿舍楼、学校食堂、学生运动场等。有些边境县还从当地财政中挤出经费用于发展基础教育事业,如东兴市自建市以来共投入资金10641.78万元用于发展教育事业;大新县自2004年以来共投入974.48万元用于"普九"攻坚,进一步改善了办学条件;凭祥市决定自2009年起每年拿出50万元重奖成绩突出的学校、教师和学生,为中小学校长发放岗位津贴,划拨专项资金建设中小学教师周转房,实施教师安居工程等。① 另外,凭祥还将通过各种渠道积极筹措教育经费,努力打造广西争创

---

① 参见《广西凭祥:今年秋季高中免学费 本市财政"埋单"》,新华网广西频道,2010年6月24日。

教育改革发展示范市,在全国打造边境民族地区教育均衡发展示范市,更好地树立国门形象,让边境地区群众共享改革开放成果。

　　教育经费的逐年增加,有效地改善了边境民族地区中小学校园的面貌,国门教育形象也得到极大的提升。

四、教师利益诉求:从生活维持
满足走向职业前景追求

　　人只有活着,才能从事自己的工作;而人活着,则首先要解决吃饭问题。人本主义心理学家马斯洛认为,人的需要从低到高有生理需要、安全需要、归属和爱的需要、自尊的需要以及自我实现的需要五种类型,并认为人对需要的满足是从低级逐渐向高级发展的,只有满足了较低级的需要,才会想着去满足更高级的需要。生理需要作为最低级的需要,是人的第一需要,是最原始的、最具有原动力的需要。多年前,由于国家整体经济水平尚不发达,当许多人都在为生计而努力奔走时,边境地区的教师也是如此。由于教师职业所具有的谋生的经济功能,所以当时在许多教师看来,从事教师这份职业就等于找到一个可能稳定地解决生活问题的保障。而对于教师职业所蕴涵的其他如育人功能以及教师职业本身所特有的自我实现感(如职业幸福感)等,当时环境下的教师没有办法去过多顾及。事实上,关于教师专业成长的理论,如费朗斯·富勒的“教师关注阶段论”[①],都表明:教师的成长的早期阶段基本上都是以关注生存为主,并在此基础上,逐渐过渡到关注教学情景、关注学生、关注职业幸福等。

　　教师工作的最大幸福就在于培养能够超过自己的学生。总体来看,尽管广西边境民族地区多数县市仍属经济欠发达地区,有些县甚至还是国家级贫困县,但是,随着国家和广西地方政府对边境民族地区教育的高度重视以及“教育经费的县财政管理”政策的实施,边境民族地区教师队伍的工资

---

① 教育部师范教育司:《教师专业化的理论与实践》,人民教育出版社 2003 年版。

待遇,与以前相比有了很大的提高,也消除了以往拖欠、挪用教师工资的现象,保证了教师工资的足额、及时到位,极大解决了他们的生活问题。边境民族地区教师生活问题解决,为教师追求自己的职业发展奠定了较好的物质条件。目前,广西边境民族地区教师在学历结构上,小学教师的学历合格率在99%以上,中学教师的学历合格率在95%以上。在年龄结构方面,边境民族地区学校老中青教师整体上趋于合理,年龄梯队比较符合教师队伍成长与发展以及教育教学发展的基本需要,特别是特岗教师政策的实施边境民族地区教师的年龄结构方面得到了很大的改善。

整体来看,尽管广西边境民族地区教师队伍建设仍存在诸如培训经费总额不足、接受培训机会不均等问题,但绝大多数教师无疑也将发展过程中的利益诉求,由生活维持转向职业前景追求。

五、适龄儿童就学:从低入学率和高辍学率走向高入学率和低辍学率

由于经济方面的原因,在20世纪80—90年代,广西边境民族地区的适龄儿童入学率非常低,一些儿童即使入学后,也会辍学回家帮助家里做些力所能及的活,以帮助家里减轻一些负担,致使学校的辍学率非常高。除了经济问题外,家长们落后的教育观念也在极大地影响着孩子接受教育的情况。如一些居民持"龙生龙、凤生凤,老鼠的儿子会打洞"等宿命论的思想,认为自己的孩子是农村小孩,长大后必然也只能回到农村做农活,所以还不如让他们早点接触农活,积累相关经验。经济困难以及观念的陈旧落后,在很大程度上导致了边境地区学校长期以来的低入学率和高辍学率问题,进而影响着边境地区经济、政治以教育文化的和谐发展。

近年来,随着国家和政府对广西边境地区教育特别是义务教育的重视及支持力度持续加强,广西"两基"目标完全实现,在全国5个民族自治区中率先通过国家验收。在边境民族地区,适龄儿童的入学率和辍学率均保持在可控的范围之内。据统计,目前广西边境县小学适龄儿童入学率保持

在99.5%以上,辍学率控制在0.3%以下,适龄女童入学率保持在99%以上;初中阶段入学率维持在96%以上,辍学率控制在3%以下。除那坡县初中阶段适龄学生入学率比较低之外,其他边境县学校适龄儿童的入学率均控制在一定的范围内(见表7)。

表7　2008—2009学年度边境县市适龄学生入学率和辍学率

	小学		初中	
	入学率(%)	辍学率(%)	入学率(%)	辍学率(%)
大新县	99.99	0.005	99.90	1.96
靖西县	99.75	0.10	96.13	2.74
防城港区	99.89	0.02	100.00	1.12
东兴市	99.89	—	99.17	—
龙州县	100.00	0.02	98.86	2.65
那坡县	99.30	0.56	95.10	2.82
边境线20公里范围内	99.26	0.43	94.91	2.76

六、学生上学方式:从走读制逐渐趋向寄宿制

如前所述,以往边境地区的学校基本上以村、屯为单位进行分散式办学。这种分散式学校布局,最大优点在于体现了当时边境地区以家庭为单位的、低技术含量农业经济对密集型劳动力的需要。但是,这种分散式的学校布局的不足也是明显的,即学校办学条件相对简单,仅仅能满足教学的需要和体现教学的功能,至于其他诸如生活需要、生活功能等,则难以得到满足和体现。由于缺乏必要的寄宿设施和生活条件,学生必然以走读的形式,每天早晚往返于学校与家庭之间。总体上看,走读制有其合理的一方面,但不足之处也是显而易见。如学生上学的时间可能比在学校学习时间多,而且在上学途中,还潜存着诸如自然灾害、人为伤害等不可抗拒或不可预期的安全隐患。

针对边境地区走读制的不足,近年来国家和广西政府实施了"义务教育工程"、边境建设大会战教育项目工程、"危房工程"以及"寄宿制学校工程"等项目,极大地改善了广西边境各县中小学的办学条件,很好地解决了以往边境地区学生"有学校难去、学生顶着星星上学伴着月亮回家"的问题,特别是寄宿制学校的修建,为学生的学习、生活提供了安全、舒适、卫生的活动空间,基本上能够满足学生日常学习生活的需要。比如,龙州县建立了初中、小学寄宿制学校49所,寄宿生数11339人,占全县义务教育学生总数的51.94%。该县响水镇有在校小学生1015人,其中寄宿生占82.95%;水口镇中学有在校生826人,其中寄宿生508人,占全镇中学在校生人数的61.50%。寄宿制学校的创建,有效地解决家离学校远的学生的上学难问题,也为边境民族地区居民因外出务工而产生的"留守儿童"教育问题,提供了很好的解决之道。学生由走读制逐渐走向寄宿制,为学生尽可能获得学校系统性的教育,营造了一个相对集中的时空,非常有利于学生的成长和发展。当然,随着寄宿学生人数的增加,一些寄宿制学校的活动场地显得不足,一些配套措施也需要改善。

七、贫困生助学体系:从特殊性
资助逐渐走向普遍性资助

自学校产生之日起,每个时代、每个国家、每个地区以及每个公立学校,都有因家庭经济困难而退学、辍学的学生。为了帮助那些家庭经济条件差的学生获得继续在校学习的机会,国家和广西壮族自治区政府划拨专项经费,用于资助在校贫困生。但是,由于边境地区整体经济条件相对较差,贫困学生基数太大,政府有限的资助经费不足以惠及边境地区所有的贫困学生,而仅仅是根据某些条件进行有选择的特殊性资助,如只资助农村学校的少数民族学生等,而对于城镇学校的学生或农村学校中的非少数民族学生,则没有资助。一言以蔽之,落后的经济发展水平限制了政府对边境地区贫困学生的资助范围。进入21世纪以来,随着国家和地方经济发展水平的提高,国家和地方政府投入了越来越多财力,重视和支持边境地区教育发展,边境地区贫困学生受资助的额度和范围,较以前都有明显的提高和扩大。

自 2004 年以来,中央财政和广西壮族自治区共投入累计约 24 亿元的资助款项,为包括边境地区学校的贫困生免杂费、免教科书费、提供生活补助费,为职业中学学生提供每年 1500 元的补助。2006 年,为了确保农村贫困学生得到有效资助,自治区财政安排农村义务教育家庭经济困难寄宿生生活费补助经费 0.52 亿元,全区 28.3 万名家庭经济困难寄宿生获得资助,确保家庭经济困难学生"进得来、留得住"。① 从 2008 年春季学期起,广西政府进一步提高国家课程免费教科书的补助标准,建立部分科目免费教科书的循环使用制度,并全面落实国家制定的农村义务教育阶段家庭经济困难寄宿生生活费基本补助标准,享受寄宿生生活费补助的家庭经济困难学生比例按农村义务教育阶段寄宿生的 65% 确定,其中民族自治县、边境县实行全覆盖。另外,国家和广西政府积极发动妇联、团县委和社会团体等开展诸如"关爱女童"等公益性活动,通过接受慈善捐助,关爱贫困女童和残疾学生,解决女童教育和残疾儿童教育问题,扩大边境县学生资助范围。如 2007 年以来,天等县共有 3699 名女童得到资助,全县女童入学率达 98.70%,残疾儿童少年入学率达 84.85%;凭祥市适龄女童有 3038 人,已入学 3038 人,入学率 100%。

完善的、惠泽面较广的学生资助政策体系的落实,在很大程度上缓解了边境地区学生家长的教育投资压力,为学生们安心上学读书提供了一定的经济保障,有力地促进了边境地区教育的发展。

八、民族班教育:从低水平办学趋向高质量发展

民族班是国家为加快培养少数民族人才而采取的一种特殊办学形式。由于广西边境地区主要以发展基础教育为主,因而广西边境地区各县市只

---

① 《广西保障教育经费　不让一个孩子因贫失学》,《广西日报》2007 年 10 月 15 日。

是在各自办学条件相对较好的中小学设立中小学校民族班,专门招收少数民族中小学生。如自 1985 年以来,广西在边境地区各县(市、区)办学条件较好的中小学开办寄宿制中小学民族班,招收本县(市、区)品学兼优的农业人口少数民族学生。显然,早期的广西边境地区民族班的办学水平偏低,原因在于:早期的民族班严重缺乏民汉双语教师。由于语言交流上的困难,民族班的教师往往都是由当地没有接受过系统化教育教学培训但又稍有一点文化知识的少数民族担任,而且由于教学点的分散,导致民族班学生人数相对较少,教师们不得不采用复式教学的方式进行教学。在这种教学环境下,民族班的办学质量无疑难以保证。

随着政府教育投入的逐年增加,广西边境地区的民族班得到了更多、更好的发展机会。如东兴市创办了京族学校,扩大京族学校的招生区域,使京族学校招生生源由原来的万尾、巫头等扩大到潭吉、江龙,使京族学校每年级保持 2—4 个班;继续在东兴中学设高中民族班,招收京族同胞入学;全市京族学生入学率达 99.8%。防城区那通中心校开办民族班招收瑶族学生,高林小学是一个瑶族教学点,一至三年级的复式班。防城区那良中学设有 9 个民族班,其中瑶族初中班 6 个,民族高中班 3 个,主要招收高山瑶寨农村户口的小学毕业生。龙州县民族中学被定为县级少数民族传统体育竞技训练基地,学校每年面向全县招收 2 个农村民族班共 100 名学生。其他诸如凭祥市、宁明县等边境县也都设有民族中学或民族班,对少数民族学生进行系统的民族教育。

近年来,广西壮族自治区财政每年都投入大量经费用于补贴寄宿制中小学民族班学生的学习补助,各承办学校按照自治区的要求,在师资方面对民族班重点倾斜,安排优秀教师到民族班任教,使民族班的办学质量不断提高。① 如防城区现有 6 个瑶族班的任课老师 30 人,全部是大专以上学历;3 个民族高中班的 18 名教师中,10 人有本科学历,其余 8 人有大专学历,并从瑶寨调来一名教师专职负责瑶族班后勤服务工作。良好的民族班师资队伍以及民族班的单独编班教学,为民族班的办学水平的提高奠定了较好的

---

① 参见高枫:《建立体现广西特色的民族教育体系》,《广西日报》2008 年 12 月 4 日。

人力资源基础。

九、义务教育发展:从非均衡逐步走向均衡

义务教育是一种基础性教育,是整条教育链的基础,也是整个国民素质教育的基础。从义务教育的发展脉络来看,几乎任何一个国家的义务教育都经历了或经历着从非均衡发展走向均衡发展的动态发展过程。广西边境地区的义务教育发展也是如此。在 20 世纪 90 年代前,广西边境地区的教育资源无疑还是比较缺乏的。在这种背景下,作为一种发展战略,广西边境地区义务教育的非均衡发展,体现了"集中有限的资源办高质量教育"思想,体现了边境地区当时的经济社会发展对"快出人才,快出好人才"的迫切要求。否则,如果将有限的教育资源进行平均分配,势必造成教育资源整体效益不能发挥,造成人为的浪费。

近年来,国家和政府对边境地区教育发展高度重视,广西边境地区学校获得了相对充足的教育资源。在这种情况下,广西边境地区义务教育逐步走向均衡发展的道路,以满足边境地区教育公平发展的要求。如在国家和广西地方政府对边境教育、国门教育的日益重视下,特别是随着中央、广西政府以及世界银行/英国政府赠款等项目的实施,广西边境地区学校特别是义务教育学校,无论在办学条件、教学基础设施以及教师资源配置等方面,都得到明显的加强或改善。目前,广西边境县均全部实现普及九年义务教育,适龄儿童入学率超过 99%,基本上满足了边境民族地区孩子上学难、持续上学难、上好学难等的问题,义务教育逐渐向均衡化发展。

十、民族团结教育:从课堂教学为主走向
课堂教学与课外活动有机结合

我国是各族人民共同缔造的统一的多民族国家。民族团结教育的顺利

开展，对实现我国经济社会事业又好又快发展、促进我国的团结统一和繁荣富强、全面构建和谐社会等，具有重要的意义。广西边境县集边境特征与民族特征于一体，必然要求边境地区学校要重视开展民族团结教育，培养学生的民族团结意识，提高各族学生维护祖国统一、民族团结、反对分裂的自觉性，增强各民族的向心力和凝聚力，增强学生的国家认同感、民族认同感。当然，由于师资、教学基础设施、课程资源以及课外活动空间等的欠缺与不足等原因，广西边境地区学校尽管很早就注重开展民族团结教育，但多集中于课堂教学，以民族团结知识的传授为主。

在很大程度上，民族团结教育类似于道德教育。现代德育理论认为，个体道德知识的习得并不必然地意味着个体道德行为的出现，即道德知识与道德行为并非线性的关系，从道德知识到道德行为，其间必须有一个道德知识内化、道德体验形成的过程，而活动正是促使个体道德知识内化、道德体验形成不可或缺的机制。类似的，民族团结教育也是如此。

正因为了解到活动在民族团结教育中的关键性作用，近年来广西边境地区学校在充分发挥课堂教学、扎实推进民族团结教育知识进教材、进课堂、进学生头脑的基础上，努力将民族团结教育、爱国主义教育，从课堂延伸到课外，让学生在课外活动中内化民族团结知识、形成民族团结体验。如广西边境学校充分利用重要纪念日、少数民族传统节日以及广西每年9月在全区中小学校开展"弘扬和培育民族精神活动月"等契机，积极组织开展形式多样的文体活动，让学生在活动中对我国各民族的历史、文化、宗教、风俗习惯等有初步了解，树立起正确的民族观、国家观，并在日常生活中表现出爱国、爱家、爱民族的行为。近些年来，广西边境地区学校从未发生过因民族问题引发的涉及边境地区社会安全稳定的事件，这从侧面印证了民族团结教育的实效。

第七章 价值判断:广西边境民族地区教育发展的基本经验

广西边境民族地区教育事业在改革与发展中,取得了令人瞩目的成绩,积累了丰富的经验。这些经验是边境地区民族教育发展宝贵的精神财富,对于深化民族教育发展的规律性认识,深入贯彻落实国家教育方针和民族政策,在新的历史起点上全面开创广西边境地区民族教育事业新局面,具有重大而深远的意义。

一、各级政府高度重视,是边境民族地区教育发展的重要前提

新中国成立以来,广西边境民族地区各族人民团结奋斗,艰苦创业,为维护国家统一、巩固民族团结、保卫边疆、建设边疆,做出了积极的贡献。特别是在援越抗法、援越抗美、对越自卫反击战等战争中,边境民族地区政府和各族人民从国家利益的全局出发,坚决执行党中央的战略决策和部署,全力支援前线,为维护国家安全做出了巨大的贡献和牺牲。由于历史的原因,中越边境长期处于战争前沿或边境对峙状态,广西边境地区社会经济发展受到严重制约和影响,基础设施、产业发展、边民收入、社会事业等都大大落后于内地。如1979年对越自卫还击战,靖西县大力支持前线,龙邦乡龙邦中学成了我军对越还击的一个大炮阵地,吞盘乡弄乃小学的校舍作为弹药库使用,内迁的中、小学校在简陋棚架里或潮湿的山洞中上课,艰苦的学习

环境导致不少学生辍学、流失。①

在此背景下,广西边境民族地区教育事业过去一直得不到各级政府的重视,获得中央和自治区政府的建设项目和资金极少,从而使得本来就落后的广西边境教育,进一步拉大了与内地的差距。如1979—1988年,由于广西边境地区仍处于战争状态,国家和地方政府对广西边境地区教育投入严重不足,学校校舍长期失修,残旧不堪,有的被越南炮火打烂,造成危房面积达399164平方米,占校舍总面积的24.7%。经过1988—1989年抢修后,边境乡中小学危房面积仍有10%左右。龙州县下冻乡学校危房面积占校舍总面积的16.7%,水口乡危房面积占校舍总面积的20%。边境乡教学点校舍设备简陋,宁明峙浪乡洞浪村柯尤教学点地处38号界碑,校舍仅有12平方米,还是用4根木头顶住的茅房,高度只有1.9米,挂着不足1平方米的小黑板,难以实施教学。边境乡除高(完)小学校外,绝大部分校点因收不起杂费,连粉笔都买不起,除了教室里褪色的黑板外,图书、教学仪器一无所有。②

近十年来,随着中国—东盟自由贸易区的建设、中国—东盟博览会的成功举办,广西边境民族地区从相对封闭、边远的边疆一举成为连接中国内陆地区与东盟的重要通道,成为中国对外开放的前沿,并受到了前所未有的重视。广西先后实施了"边境建设大会战"和"兴边富民行动基础设施建设大会战",重点完善边境地区基础设施,使边境地区的中小学校发生了较大变化。其中,2000年8月至2002年9月实施的"边境建设大会战教育项目"总投资2.6亿多元,建设中小学856所,新建、改扩建校舍面积52.06万平方米。从2009年9月至2010年底,自治区实施兴边富民行动基础设施建设大会战,集中力量解决离边境线20公里范围内的基础设施、教育、广播电视、卫生等问题,项目涵盖8个边境县以及2个享受边境县待遇的县。根据规划,自治区财政投入教育项目1800万元,支持17个教育项目,拟完成1.77万平方米的校舍建设和维修任务,使边境地区学校办学条件得到更大

---

① 参见黄丰盛:《发展边境民族教育初探》,《民族教育研究》1991年第4期。
② 参见毛彩宏:《广西边境县(市)教育现状》,《民族教育研究》1990年第1期。

改善。与此同时,中央 2008 年给广西下达专项资金,从 2009 年开始实施"边境国门学校建设工程",投入 2 亿元,建设 138 所项目学校,实施 252 个单项工程,新建 19.0932 万平方米校舍面积。

在中央和自治区政府的大力支持下,近年广西边境民族地区教育事业迅速发展,呈现出良好的发展趋势,进入了一个较快的发展阶段。

广西边境民族地区教育发展历程证明,边境民族教育发展与各级政府的重视程度有着密切的关系。各级政府重视边境民族教育工作,真正把边境民族教育放在优先发展的战略地位,把边境民族教育工作作为贯彻落实党的民族政策,作为提高民族整体素质、改变边境地区落后面貌的一个重要内容来抓,边境地区民族教育事业就能得到又好又快发展;反之,如果各级政府不重视边境地区民族教育工作,边境民族教育事业就会停滞不前。因此,各级党委和政府应提高对发展边境民族教育重要性的认识,切实把发展边境民族教育纳入当地经济、社会发展规划,确保教育的战略重点地位,积极采取行之有效的政策措施加快边境民族教育事业发展的速度。

二、发展边境民族地区教育,必须采取特殊的政策措施

民族教育政策是国家和政党为了发展民族教育事业,实现一定历史时期的教育路线、方针、目标和任务而制定、发布的具体的行动准则,是国家和政党依据长远目标,结合实际情况和历史条件制定的解决民族教育问题,实现一定历史时期民族教育路线、目标和任务的原则、方针、规范、措施等行为准则的总称。民族教育政策在民族教育发展中发挥着重要的导向和调控作用,一个国家的民族教育如何发展,在很大程度上取决于民族教育政策。

采取特殊的政策措施发展少数民族教育,是世界大多数国家教育政策的共同特点。如越南 1986 年进入革新时期以来,坚持各民族平等、团结、互相帮助、共同进步的方针,采取赋予和尊重少数民族接受教育的权利、利用多种形式办好民族学校、在招生和生活方面对少数民族学生进行照顾、加快

民族教育师资队伍建设、支持双语教育等一系列切实可行的政策和措施,积极发展少数民族教育,取得了较好的成效。① 美国从 20 世纪 60 年代以来,陆续颁布了《初等教育和中等教育法》、《肯定性行动》、《民族传统法》和《双语教育法》等,对少数民族教育实行优惠政策,为双语教育和多元文化教育开了一些绿灯,使少数民族教育权利从不平等到趋于平等,语言文化政策由同化趋于多元化。美国 1965 年出台的《肯定性行动》在升学、就业、晋升、颁发奖学金以及接受政府贷款和分配政策合同等方面,在竞争能力和资格基本相同或相近的情况,给予黑人、印第安人、拉美裔和亚裔以及妇女有被优先录取、录用、晋升或优先得到贷款和政府合同的权利,目的是帮助美国历史上长期受到歧视的少数民族、妇女等弱势群体改变在政治、经济、教育和社会等方面的劣势地位。就民族教育而言,《肯定性行动》给少数族裔一些优惠政策,促使其文化与教育水平有较大的发展。②

　　新中国成立以来,党和政府把发展民族教育作为解决国内民族问题、促进各民族共同繁荣的一个重要途径,根据不同时期的路线、方针政策和任务,制定了各个时期的扶持政策。党的十一届三中全会以后,党和政府进一步把对民族教育的扶持政策,用教育法规和法律的形式固定下来。如 1982 年颁布的《宪法》第 122 条规定:"国家从财政、物资、技术等方面帮助各少数民族加速发展经济建设和文化建设事业。"1984 年颁布的《民族区域自治法》第 65 条规定:"上级国家机关帮助民族自治地方加速发展教育事业,提高当地各民族人民的科学文化水平。"1995 年颁布的《教育法》第 10 条规定:"国家根据各少数民族的特点和需要,帮助各少数民族地区发展教育事业。"第 56 条规定:"国务院及县级以上地方各级人民政府应当设立教育专项资金,重点扶持边远贫困地区、少数民族地区实施义务教育。"1998 年颁布的《高等教育法》第 8 条规定:"国家根据少数民族的特点和需要,帮助和支持少数民族地区发展高等教育事业,为少数民族培养高级专门人才。"

---

① 　参见欧以克:《革新时期的越南民族教育政策》,《民族教育研究》2005 年第 3 期。
② 　参见吴明海:《中外民族教育政策史纲》,中央民族大学出版社 2006 年版,第 194—195、162 页。

　　民族教育政策是中国民族地区教育发展的重要保证。广西边境地区少数民族居住在边境、边远山区,自然环境恶劣,长期肩负着保卫祖国南大门的重任,屡受战争创伤,经济基础薄弱,贫困面大,地方财政十分困难,如不采取特殊政策、措施,民族教育就很难发展起来。正是在党和政府的亲切关怀及其政策光辉照耀下,近年广西边境地区民族教育得到了迅速发展,取得了不容忽视的成就,为促进边境民族地区经济和社会发展,实现各民族共同繁荣,巩固边疆,维护祖国统一,加强民族团结,做出了重要的贡献。广西边境民族教育实践,以大量的事实证明,我国对边境地区教育实行倾斜照顾政策是完全正确的,对于解决和发展边境地区教育事业问题是行之有效的,是成功的。什么时候党的民族政策得到正确的全面的贯彻执行,边境地区各民族的平等权利受到尊重,民族教育受到重视,边境地区教育事业就能够健康地向前发展;什么时候党的民族政策受到干扰和破坏,边境地区各民族的平等权利受到忽视,民族教育受到削弱,民族教育的发展就会遭到挫折,甚至出现倒退。

　　当前,广西边境民族地区教育事业面临的种种困难和问题,归根结底都是党的民族政策还没有完全落实的结果。解决这些问题的主要办法,还是要依靠党和政府继续对边境地区民族教育实行扶持政策。为了继续巩固和发展我国平等、团结、互助的民族关系,实现各民族共同繁荣,维护边境稳定和国家安全,党和政府对于边境地区民族教育目前面临的困难和问题,应认真进行研究,并制定出相应的特殊政策加以解决,为边境民族地区教育提供政策保障,推动边境民族地区教育事业全面协调可持续发展。

三、加大经费投入,是边境民族
地区教育发展的根本保证

　　教育涉及千家万户,惠及子孙后代,接受教育是每个人获得发展的基本前提。缩小不同群体发展差距,消除家庭贫困的代际传递,实现人的自由全面发展,首先要保障人人有受教育的机会。基于此,《世界人权宣言》第26

条称:"人人都有受教育的权利,教育应当免费,至少在初级和基本阶段应如此。初级教育应属义务性质,教育的目的在于充分发展人的个性并加强对人权和基本自由的尊重。"我国《宪法》第46条规定:"中华人民共和国公民有受教育的权利和义务。"

保证公民享有接受教育的机会,是促进社会公平正义、构建社会主义和谐社会的客观要求,也是党和政府义不容辞的职责。教育作为一种公共服务,是一种政府行为,其投入应主要由各级政府负责。我国是发展中国家,地区之间、城乡之间在经济与教育发展水平上存在着巨大的差异,边境地区贫困人口多,低收入人群面积大,基础教育普及率低,而县、乡两级政府财力十分有限,因而财力集中和相对充裕的中央和省级政府,有义务通过政府间的横向、纵向财政转移支付,支持边境地区民族教育的发展,促进政府向公民提供相对均衡的教育服务。伴随着政府职能的转变和财政体制改革的深入,以及财政收入水平和中央政府收入水平的逐步提高,加大中央和省级政府对公共教育的财政责任和转移支付力度不仅十分必要,而且已经成为可能。[1]

边境地区情况特殊,发展民族教育需要较多的经费。然而,我国边疆民族地区属于欠发达地区,经济发展落后,财政收支失衡严重,财政收入规模小,自给率低,对上级财政依赖度高,财力非常紧张,其有限的财力主要用于财政供养人员的工资支出,从而没有财力专门进行经济以及社会事业的建设。由于历史原因,边境地区路、水、电等基础设施建设欠账较多,农村中小学教育、公共卫生、体育文化、社会保障等民生领域投入不足,发展滞后,群众生产生活条件较差,支出需求较大。在边境民族地区经济十分落后的情况下,近年国家加大对广西边境民族地区的财政投入力度,自治区政府在经费上向边境地区民族教育事业倾斜,为广西边境地区民族教育事业发展提供经费保障,充分体现了党对少数民族的特殊照顾政策,有利于维护国家安定和民族团结。广西边境民族地区教育实践证明,我国政府针对边境民族

---

[1]　参见秦利、韩立新:《我国公共教育体系中政府的财政责任问题》,《中国冶金教育》2003年第6期。

地区自然条件较差、教育发展起点较低、教育发展较为落后这一现状,在经费上对边境民族地区教育给予特殊支持,对于促进边境地区民族教育发展起到了十分重要的作用。

然而,在教育投入快速增长的背后,广西边境地区民族教育仍潜藏着财政危机。我国目前实行的是以地方政府管理和财政负担为主、中央和省级政府通过财政转移支付形式给予地方补助的教育管理体制和教育财政体制。在政府所负担的公共教育经费中,中央和省级政府的直接负担太低,绝大部分来自县、乡地方政府。其中,财力最弱的乡级政府承担了公共教育这一最重大的公共服务。由于没有明确规定中央政府和省、县、乡地方政府法定的负担结构,在中央向地方转移支付规模很小的情况下,各地政府对教育的支出主要依靠本地财源。在一个地区差距和城乡差距不断拉大的社会中,由地方财政支撑、中央和省两级政府对教育进行财政投入与财政转移支付的教育,在庞大的教育需求面前表现出明显不足,这最终将导致地区间的差异愈来愈大,其结果必然会加大教育的差异。经济落后地区的政府无力承担公共教育的支出,无法支付教师工资,无法达到公共教育的基本办学条件,与发达地区之间公共教育的质量、数量差距越来越大。正因为教育财政责任机制不完善,政府内部教育财政责任划分不清,财政转移支付机制尚未完善,再加上边境地区政府财力薄弱,无力支撑边境地区教育发展需要,导致边境地区教育资源短缺、教育投入严重不足的不良局面。如果不及时调整现有的教育财政体制,明确政府的财政责任,那么边境地区民族教育将面临着被边缘化的危险。因此,应建立科学合理的教育财政责任机制,明确政府的财政责任。

在教育财政支出划分上,应根据教育的受益范围来划分支出责任。凡受益范围是全国居民的,其支出责任属于中央政府;凡受益范围是地方居民的,由地方政府财政支出;受益范围涉及全国和地方的,由中央与地方政府共同负责。由于边境地区民族教育强大的正外部效应超越了地域的限制百惠及全国,因此在财政支出上就应当遵循中央和地方政府共同负责且以中央为主的原则。一方面,边境地区民族教育财政投入的责任应当从目前的县、乡、镇上移至中央和省,且重心偏于中央;另一方面,应明确中央与地方之间责任的分担机制,中央既要扩大其分担的责任范围,也要提高其分担的资金比重。也就是说,中央政府应加大对边境地区教育财政投入,在保证基本的国家财政预算内教育经费之外,充分利用转移支付的手段,为边境地区的义务教育提供多种专项资金,包括用于支付边境地区教师工资、危房改建,以及小学、初中的教学设备购置、补贴中小学生在校期间的食宿费用等,以促进边境民族地区教育事业更好地发展。①

四、发展边境民族地区教育,既要遵循教育的一般规律, 也要充分考虑边境地区民族教育的特殊性

教育是一种独立的社会活动,它除了与生产力、政治制度、文化有密切联系外,还有自身的特点,具有相对独立性。所谓教育的相对独立性,是指教育具有自身的规律,对经济基础、政治制度、生产力、传统文化和科技具有能动作用。教育作为一种社会活动,其活动过程要遵循一定的客观规律。教育最基本的规律有两条:一条是关于教育与社会发展关系的规律,称为教育的外部关系规律,即:教育要受社会的经济、政治、文化等制约,并对社会的经济、政治、文化的发展起作用;另一条是关于教育和人的发展关系的规律,称为教育的内部关系规律。教育外部关系规律制约着教育内部关系规律的作用,教育外部关系规律只能通过教育内部规律来实现。教育活动,既要遵循教育自身的内部规律,又要受外部关系规律的制约。②

边境地区民族教育作为我国教育事业的重要组成部分,其发展必然要遵循教育的一般规律。但是,边境地区民族教育除了具有我国教育事业的共性外,还具有自己的特殊性,这种特殊性主要是由边境地区民族工作的长

---

① 参见孙荣、朱梦佳:《社会公平与政府责任:公共财政投入义务教育的视角》,《马克思主义与现实》2006 年第 5 期。

② 参见潘懋元:《教育基本规律及其在教育研究中的运用》,《江苏教育研究》2009 年第 4 期。

期性、复杂性、重要性和少数民族历史、文化、语言、宗教、居住地域的特殊性赋予的。因此,做好边境地区民族教育工作,还应遵循边境地区民族教育的特殊规律,充分考虑其特殊性,把边境地区民族教育的内容与恰当的民族特点和民族形式有机结合起来。

近年来,广西边境民族地区注意结合边境民族地区的实际,从边境地区经济和社会发展的特点以及学生的特点出发,发展民族教育,突出办学特色。

(一)举办寄宿制学校、民族中学、民族班,采取特殊办学形式发展教育

广西边境地区在举办民族教育时,很重视贯彻党的民族政策,尊重民族形式和特点,落实促进民族地区教育事业发展的特殊措施。除了有普通的办学形式外,还有寄宿制学校、民族中小学校、民族班等扶持民族教育的特殊办学形式。寄宿制学校是根据边境民族地区居住分散、交通不便、教育比较落后等特点,为了巩固和提高教育质量,专门举办的以寄宿制为主和以助学金为主的中小学校,主要面向农村招收各民族学生,学生食宿在学校,享受助学金,有的还享受困难补助或者减免学杂费、书本费等。民族中小学校是主要招收少数民族学生的一种特殊类型的学校。中小学校民族班是为解决尚不具备条件设立民族中小学校的地方少数民族子女求学的问题,利用一般学校在师资、设备等方面较为先进的条件,在中小学设立的专门招收本县品学兼优的农业人口少数民族学生进行特殊形式培养的班级。民族班的学生享受助学金,减免学杂费、书本费。对特别困难者再给予适当补助。民族班学生大多在学校集中食宿,享受与寄宿制学校的学生同等的待遇。

(二)开展民族传统文化教育活动

广西边境地区一些民族在长期的历史发展中,创造了本民族独具特色和风格各异文化,这些民族文化具有独创性和充分的价值,是中华民族文化宝库的重要组成部分。如天琴是流传在左江流域壮族民间的一种宗教活动伴奏乐器,2007 年龙州天琴艺术被列入广西第一批非物质文化遗产名录,

龙州县获得中国文学艺术界联合会、中国民间文艺家协会授予"中国天琴艺术之乡"称号；独弦琴是京族特有的一种古老的民间竹制乐器，主要流行于广西京族民间、防城、钦州和北京等地。边境地区一些学校注意利用当地民族文化资源，开展民族传统文化教育活动，如龙州县民族中学、龙州镇新华中心小学等学校开办了天琴兴趣班，组织学生表演天琴弹唱，传播天琴文化。东兴市京族学校开设了民族舞蹈、民族体育、越南语、书法、绘画、独弦琴等校本课程，成立了独弦琴、竹杠舞表演兴趣组和帆板队，向学生传授民族乐器、舞蹈、传统体育的知识和表演技能，开展丰富多彩的民族传统文体活动，弘扬民族文化，为少数民族学生提供了学习民族文化的良好环境。东兴市京族学校还组织师生参加京族传统节日"哈节"的庆祝活动，承担部分京族歌舞的演出任务，增进师生对京族传统文化的了解，增强民族意识和民族团结意识。

（三）开展双语教学

作为壮族聚居地区，广西边境地区注意开展壮汉双语教学，开发壮族学生的智力，传承壮族语言文化，增强壮族学生的自尊心和自信心。如德保县是广西第一批进行壮文进校实验工作的县，从1981年秋季学期以来一直开展壮文进校实验，目前有都安中心校、都安棋江小学和隆桑中心校3个壮文进校实验点，在校生1112人。在壮汉双语教学中，实验点学校坚持"以壮为主，以壮促汉、壮汉结合，壮汉兼通"的方针，在语文教学中采用"壮汉双语同步教学"，较好地提高学生的汉语水平。龙州县主要通过加强壮汉双语教师培训、发放双语教师补贴生活费、鼓励师生用壮汉语交流、充实双语教学设备等方式，支持教师开展壮汉双语教学。龙州县还把武德中心小学确定为壮汉双语教学试点学校，并从2009年秋季学期开始在学前班开设壮汉双语教学课程。东兴市京族学校充分利用京语与越南语相通的优势，从小学四年级开始每周安排两节越南语课，帮助学生学习越南语言文化，培养跨文化交流能力，改变了京族人会说越语、不会写越文的历史。①

---

① 参见何思源：《京族教育研究》，《民族教育研究》2010年第3期。

（四）实施教师安居工程

边境学校普遍缺少教师周转房，相当一部分教师每天不得不走教几公里，甚至十几公里，严重影响了学校教学活动的正常开展。鉴于此，凭祥市、龙州县、大新县等从 2008 年开始实施教师安居工程，努力解决教师的住房困难，帮助教师安居乐业。凭祥市采取教师集资建房和财政出资建周转房同时并进的方法推进教师安居工程，周转房建设资金由财政全额出资，不但在中学和小学中心校实施，而且还将建设范围扩大到村完小。截至 2009 年 4 月，凭祥市共建教师住房 200 套，其中周转房 78 套、集资房 122 套，建筑总面积 17375 平方米，总投资 1123 万元。① 龙州县实施乡镇"教师安居"工程，新建教师宿舍 360 套，有效地缓解了乡镇中学和中心小学部分教师的住房困难。

（五）一些边境县等充分利用区位优势，积极开展教育对外合作交流活动

凭祥市与越南谅山省的教育合作交流较为密切。凭祥市中等职业技术学校与越南、泰国、柬埔寨有关院校建立了合作交流关系，双方互派教师和学生到对方讲学、留学。2009 年 6 月，凭祥市教育考察团到越南谅山市进行教育考察交流活动，与谅山市教育局举行座谈会，参观考察了谅山市"5月 19 日"幼儿园、永寨中学、黄文树小学的校园和功能教室，并与这些学校的领导、老师进行座谈，了解学校的办学情况、教师管理与培训、教育教学过程等，双方决定由中国凭祥市民族希望实验学校与越南谅山市永寨中学、凭祥市凭祥镇中心小学与谅山市黄文树小学、凭祥市第一幼儿园与谅山市"5月 19 日"幼儿园分别结成中越友好学校，每年互派人员出访，在信息化教学、教师的管理与培训、学生的教育与管理、体育、校园文化建设等方面加强交流与合作，共享优秀的教育文化资源和先进的教育教学理念，增进中越教育同仁的团结与友谊。2009 年 9 月，凭祥市教育局与谅山市教育局在凭祥

---

① 参见罗吉华：《凭祥加快推进教师安居工程建设步伐》，http://www.gxcznews.com.cn/staticpages/20090307/newgx49b24403—80405.html.

共同举办"中国凭祥—越南谅山基础教育改革与发展论坛"，就双方共同关心的边境地区基础教育学校教师管理与培训、学生教育与管理艺术等问题进行交流、探讨。2009 年，越南谅山市教育局、谅山省各普通中学校长还先后三次应邀到凭祥市开展教育交流活动。再如，东兴市第一小学与越南芒街市李自仲小学建立了校际交流关系，双方学生代表一起祭扫中越友谊纪念碑、越南芒街革命烈士陵园，邀请革命老前辈讲述中越抗法的英雄故事，并以东兴的中越革命烈士纪念碑、中越友谊大桥侧的胡志明亭为教育基地，对学生进行中越友好的教育。①

（六）合理调整中小学校布局

针对边境地区人口稀少，地形复杂，人口分散，教育资源相对分散，办学条件不够完善等特点，边境各县积极对中小学布局结构进行调整，撤并学校和教学点，基本上把服务半径不超过 2.5 公里，学生少于 40 人的教学点撤并。如凭祥市将基础教育较为薄弱的友谊中学、民族中学、希望小学和南山小学等重新整合，组建成一所九年一贯制的民族希望实验学校。宁明县通过撤、并、扩等措施，将办学水平低、教学质量不高、学生人数较少的初级中学、村完小和教学点分别由原来的 23 所、170 所和 656 个撤并为目前的 16 所、158 所和 127 个。东兴市按照小学就近入学、初中相对集中、优化教育资源配置的原则，结合危房改造、城镇化发展等，合理规划和调整少数民族中小学的布局，把原万尾小学及京族中学整合为京族学校。通过调整，边境地区学校布局趋向合理，教育资源得到整合，办学效益得到了提高。

广西边境民族地区教育实践证明，发展边境地区民族教育既应遵循教育的一般规律，也应遵循民族教育的特殊规律，充分考虑边境地区民族教育的特殊性，从边境民族地区的实际出发。只有这样，才能确保边境地区民族教育事业取得显著成效。

---

① 参见武沛强、毛文锋、申莉、包其东：《树立国门学校的形象：东兴市第一小学的办学之道》，《广西教育》2003 年第 12 期。

五、加强民族团结和爱国主义教育，
是边境民族地区学校的重要任务

民族问题是在民族的活动、交往过程中发生的复杂的社会矛盾问题。由于引发民族问题的历史时代和具体的社会条件等的作用，民族问题总是随着社会的发展而发展变化的，在不同的历史时期有着不同的内容。从现阶段来看，民族问题依然是制约、困扰世界和平与发展的热点和难点所在，民族因素在国际政治中依然有着重大影响。特别是暴力恐怖势力、民族分裂势力、宗教极端势力这"三股势力"，在我国周边一些地区相当活跃，境内外敌对势力的勾连呼应不断加剧，维护国家统一、民族团结、边防巩固所面临的挑战十分严峻。从国内来看，当代中国正在发生广泛而深刻的变革。随着改革开放的深入推进，特别是工业化、信息化、城镇化、市场化、国际化的深入发展，民族地区面临解决贫困人口温饱问题和全面建设小康社会的双重任务，加快发展的任务艰巨繁重。民族问题与当今社会生活中的一些深层次问题相互交织，引发矛盾的因素有所增加，给民族团结和社会稳定带来新的影响。我国民族团结进步事业面临的形势和任务，迫切要求更有力地促进各民族共同团结奋斗，更好地实现各民族共同繁荣发展。

边境地区是一个国家较为特殊的区域，其战略地位非常重要，其经济社会发展状况直接影响着整个国家的经济发展水平及社会稳定。我国的边境地区大多是少数民族的聚居地区，这里聚居着 30 多个少数民族，这些民族大多跨境而居。在我国 2.2 万多公里的陆地边境线中，约有 1.9 万公里属民族自治地方。因此，边境地区的发展不仅关系到当地少数民族的发展，而且直接对外反映我国的民族政策，关系祖国统一和边疆稳定，关系全国发展大局。

边境民族地区历来是国内外敌对势力相互勾结，进行颠覆渗透和分裂活动，实施"西化"、"分化"的重要地区和突破口。近年，随着改革开放的深入，边境地区贸易往来、人员活动、文化交流等日益频繁，既为发展与邻国的睦邻友好关系、加快边境地区现代化建设创造了良好的条件和机遇，但也给执行边防政策、加强边境管理、维护社会治安等方面工作带来了许多新情况和新问题。如何针对这一新的情况和特点,加强边境地区学校民族团结教育和爱国主义教育,对于维护国家安全和边境稳定,有效抵御境内外敌对势力的分裂破坏活动,建设强大而牢固的边防,具有十分重要的意义。

广西边境地区作为少数民族的聚居地区,聚居着壮、汉、瑶、苗、京等12个世居民族,各民族都有自己的悠久历史和灿烂文化,多元文化的特点非常鲜明。边境地区虽然学校规模小、学生少,但是学生的民族成分却很复杂。边境地区教育管理队伍、教师队伍,也是由多种民族成分构成的。边境地区教育对象和教育工作者的多民族性,给本来就十分特殊的边境民族教育造成了更加复杂的问题。

边境地区学校是各民族师生荟萃之地,多民族相聚一堂的校园生活,有利于不同文化背景的师生相互学习,共同进步。但由于各民族有着不同的传统文化、生活习惯,以及由此形成的个性特征,如果不注意加以引导,很容易强化唯我独尊的民族意识,容易把边境地区某些落后的思想、狭隘宗教意识以及不良习惯带到学校来。针对这一特点,广西边境民族地区学校注意开展民族团结教育和多元文化教育,促进不同文化的交流与融合,努力营造良好的多元文化共存的、不同文化背景师生和睦相处的校园环境,促进各民族师生相互理解、相互信任、相互尊重,建立和谐平等、团结合作、民主融洽的人际关系。如宁明县各学校举办"民族团结与教育发展"、"民族和谐在校园"、"我为民族团结作贡献"等系列讲座,广泛开展知识竞赛、民族风情展、民族传统体育运动等活动,组织师生收看民族团结教育专题片,宣传、学习民族团结先进人物事迹,推进民族团结教育活动。宁明县地处中越边境的桐棉乡中心小学以"民族团结:我们都是一家人"为主题,通过"中华民族大家庭"主题班队会活动、"民族团结乐金秋"参观实践活动、民族风俗知识阅读活动等多种形式的专题活动,进一步增强了各族师生的民族团结意识,使民族团结教育活动取得了实效。①

---

① 参见方慕深:《民族团结促发展边境教育谱华章:广西宁明县学校开展民族团结教育活动纪实》,《中国民族教育》2010 年第 4 期。

广西边境地区学校还重视开展爱国主义教育。如靖西县龙邦实验学校围绕"只有永恒的民族利益和国家利益,没有永恒的和平或友谊"这一主题开展爱国主义教育活动,塑造国门学校形象。① 位于中越界河——北仑河畔的东兴市第一小学与当地驻军建立了军民共建关系,由驻军派出优秀士兵作为校外辅导员,定期组织学生到有关教育基地开展"献我一片爱国心"等活动。该校还结合边境学校的地缘优势,带领少先队员到中越友谊桥、5号界碑进行爱国主义及国土知识教育,并结合全国"光辉五十年"读书活动,组织少先队员开展"共话祖国、共话家乡五十年"社会考察活动,分别走访有关单位领导和家长,考察东兴市教育、卫生、通信、交通等方面发生的变化,引导全校少先队员写出了诸如《防东公路的今昔》、《东兴民房好靓啊》等多篇考察作文,有效地培养了学生热爱祖国和热爱家乡的思想感情。该校重视以多种形式对学生进行国防教育,与当地驻军共同创建了东兴市的第一所少年军校,每周开设两节军事训练课,定期开展军事知识竞赛,每月开设一节国防教育课,每学期进行一次野外训练、一次连队一日营活动。每届学员离开少年军校之前,都与驻军战士进行界碑巡逻,以磨炼意志,增强国防观念;少年军校学员向村民讲解界碑的历史,宣传保护界碑的重要性,并组成小分队轮流守护界碑,在古老的界碑旁亲手种植树木。②

广西边境地区教育实践证明,开展民族团结和爱国主义教育是边境地区学校的重要任务,对于提高各族师生维护祖国统一、民族团结和反对分裂的自觉性,增强中华民族的向心力和凝聚力,具有重要作用。

六、开展对口支援,是促进边境地区
民族教育发展的必要举措

由于历史和客观的原因,边境民族地区社会生产力水平较低,经济发展

---

① 参见杨柳青:《走近国门风景线:靖西龙邦实验学校》,《广西教育》2001 年第 30 期。

② 参见武沛强、毛文锋、申莉、包其东:《树立国门学校的形象:东兴市第一小学的办学之道》,《广西教育》2003 年第 12 期。

相对滞后。因此，发展边境地区民族教育，应坚持国家帮助和自力更生相结合的方针，既需要当地各族人民艰苦创业，更需要国家和内地从促进各民族共同繁荣的目标出发，在财力、物力、智力等方面给予大力支持，以缩短边境地区与内地的教育差距，促进教育公平。

教育对口支援是中央为加快少数民族地区教育发展而采取的一项重要措施。内地和民族地区教育对口支援协作具有优良的传统。1956 年，教育部在《关于内地支援边疆地区小学师资问题的通知》中就要求四川、陕西等省，对于接邻的边疆省、自治区需要外地支援的师资要有较多的支持，并且可扩大一些中等师范学校的招生比例，每年培养小学师资中应包括一部分支援边疆省、自治区需要的师资。1993 年，国家教委印发了《关于对全国143 个少数民族贫困县实施教育扶贫的意见》，确定了河北、北京、江苏、辽宁、山东等省市对口支援 143 个少数民族贫困县。这项工作得到了内地省市的大力支持，民族贫困县因此而出现了一批由对口市、县援建的学校，获得了发达地区资金和仪器设备方面的援助，促进了少数民族贫困县普及义务教育和培养初中级技术骨干。1997 年，教育部、国家民委联合下发《关于认真贯彻中央扶贫工作会议精神，进一步加强对口支援民族和贫困地区发展教育事业的通知》，把教育对口支援纳入扶贫工作，并相应调整了对口支援关系。2000 年，教育部等联合印发《关于东西部地区学校对口支援工作的指导意见》，正式启动"东部地区学校对口支援西部贫困地区学校工程"和"西部大中城市学校对口支援本省（自治区、直辖市）贫困地区学校工程。"

广西边境民族地区在发展教育过程中，得到了内地的大力支持。这不仅表现在其他地区对中央采取特殊政策发展边境地区民族教育给予理解和支持，也表现在全国各地通过多种方式支援边境民族地区教育发展。多年来，内地通过提供资金、资助仪器设备、培训教育行政干部和骨干教师以及指导教学改革等各种方式，对口支援广西边境地区发展民族教育事业。如在广西实施边境建设大会战期间，自治区人事厅、自治区计划委员会、中行广西分行、工行广西分行、交行广西分行、中保广西分公司等 35 个驻桂中直、区直单位与凭祥市、龙州县、宁明县、大新县的 29 所学校建立了对口支援帮扶关系,共为对口支援学校捐资赠物合计人民币632.8万元,援建99个建设项目,建筑面积3.9万平方米,有力地促进了当地学校建设。①

靖西县龙邦实验学校是教育对口支援的结晶。该校在20世纪五六十年代曾是中越友谊的桥梁和见证,七八十年代经受战火的洗礼,校园内弹痕斑斑,校舍门窗破烂不堪,课桌椅缺腿断臂,没有图书,没有仪器。在"兴边富民"行动和边境建设大会战期间,靖西龙邦实验学校得到了县委和政府的高度重视,并受益于教育对口支援,获得了国家民委、自治区民委、自治区旅游局、广州市政府、广州市东山区东川小学等10多个单位在资金和教学设备等方面鼎力援助,学校旧貌变新颜,昔日"黑屋子、土坡子,泥孩子"的校园景象荡然无存,成为国门的一道风景线。②

广西边境民族地区教育实践证明,对口支援是促进边境地区民族教育的一种有效方式,有助于促进边境地区学校更新教育思想,改善办学条件,加强教师队伍建设,提高教育质量。在新的发展时期,广西边境地区教育发展,仍离不开其他地区特别是发达地区的支援和帮助,内地发达地区应把帮助边境民族地区发展教育事业作为自己的一项光荣任务,进一步加大对口支援力度,共同促进边境地区教育与内地教育协调发展。

总之,在中央政府倾斜政策的支持下,在广西各级政府的努力下,广西边境民族地区教育事业获得了快速发展,极大地缩小了与其他地区的差距,并形成了具有边境特色的民族教育发展模式和基本经验。这些经验对今后边境民族地区教育的发展仍然是重要的,具有积极意义。

---

① 参见农立芬:《为边境教育献真情:驻桂中直、区直单位支援南宁地区边境学校建设纪实》,《中国民族报》2002年5月28日。

② 参见杨柳青:《走近国门风景线:靖西龙邦实验学校》,《广西教育》2001年第30期。

第三辑　仰望广西边境民族地区教育星空

　　教育理论如果不关注和直面教育实践中的问题,那么无论我们对它多么钟爱,也无论它以何种看似科学和严谨的逻辑、术语、方法和概念体系作为支撑,都属于诠释性的和概念性的教育理论,都将是一种贫血的教育理论,对鲜活的教育实践是苍白无力的。探究广西边境民族地区教育的改革与发展问题,既要直面广西边境民族地区教育的现实困难和特殊问题,也要看到其未来的发展前景与空间,进而形成理论与实践相统一的研究成果。

第八章　问题求解:广西边境民族地区教育发展面临的困难及原因

广西是以壮族为主体的自治区,地处祖国南疆,与东南亚国家近邻或隔海相望。从经济社会发展上看,广西属于中国的落后地区,这种区情严重地制约着广西尤其是广西边境民族地区教育的改革与发展。近年来,随着中越关系正常化,特别是中国—东盟经济贸易战略伙伴关系的建立,广西边境民族地区获得了快速发展,教育事业也取得了相应的进步。但总体看来,广西边境地区的教育发展水平依然较低,乡村教育问题突出,与我国发达地区甚至是广西区内不少地区相比,尚且存在系统性或整体性的差距。面对这种情况,人们不免要问:广西边境民族地区教育面临的主要矛盾或问题是什么? 产生这些矛盾或问题的根源在哪里? 我们如何化解这些矛盾或问题? 毫无疑问,这些都是广西边境民族地区走出困境必须回答和解决的问题。

一、义务教育非均衡发展,具有双重二元结构性

对于任何国家或地区而言,教育非均衡发展都是普遍存在的客观现象,只是彼此的程度不同罢了。教育的非均衡发展与社会的非均衡发展密切相关,因为社会是教育生存与发展的外部环境。

从社会发展水平看,广西边境民族地区具有双重二元结构性:一是广西边境民族地区与广西发达地区之间的"城乡二元结构性";二是广西边境民族地区内部的"城乡二元结构性"。这种社会发展的非均衡性,在很大程度上决定了广西边境民族地区的教育发展具有双重二元结构性。也就是说,

目前广边境民族地区的教育存在双重不均衡:一是边境地区与广西发达地区相比,存在一种区域性不平衡;二是边境县内部存在城乡不平衡。这种双重不平衡的叠加,使得广西边境民族地区的教育显得愈发落后和非均衡发展。这种过度的非均衡发展集中表征为:与发达地区相比,边境地区教育存在的差距是系统性的,无论是硬件设施还是软件配备,边境地区都远远落后于发达地区。在硬件方面,当发达地区不断更新和优化教学设施、教学设备和图书资料的时候,边境地区的校舍建设、教学设备、体育设施、信息化条件以及图书资料在很大程度上还不能满足教学的需要;在师资队伍方面,边境地区教师在教育理念、教学技能、教育技术等方面也滞后于发达地区,由于经费的原因,边境地区教师还在争取机会参加培训的时候,发达地区的教师已对各种培训感到厌倦了;在管理体制方面,边境地区也不如发达地区教育管理体制规范和完善;等等。另外,广西边境民族地区内部也存在严重的教育发展不平衡现象:边境地区农村中小学教学条件更加落后,许多农村学校连一个标准的体育场都没有,"一块黑板、一支粉笔、几个教师、一群孩子"就是学校的全部,而且教师在数量上都无法满足教学需求,更不用谈教师素质了。除此之外,边境地区农村中小学孩子辍学的现象仍然不在少数,同时还面临大量留守儿童等教育问题。

造成广西边境民族地区教育严重非均衡发展的原因是多元的。

第一,相当长的一段时间内,中越关系的非正常化影响了边境民族地区教育的发展。过去,国家对边境民族地区在军事上的战略意义相对重视,相对忽视其政治、经济、文化、教育的战略意义,从而影响到这些地区教育的正常发展。20 世纪 50 年代,广西边境地区是中国援越抗法的重要军事补给地,60 年代是中国援越抗美的前沿,70 年代末又是对越自卫反击的前线,很难安心发展经济和教育。改革开放后,我国沿海和内地都集中精力搞经济建设,发展教育事业,而广西边境地区为了国家安心地搞"四化建设"仍是"炮声轰轰"。90 年代,中越关系虽然已经恢复正常化,但广西边境地区又忙于排雷,经济、教育的战略地位无法在短时间内实现转移。与此同时,边境地区由于长期处于战争防备状态,对经济、教育的发展意识也相对淡薄。如此种种,严重影响了广西边境地区教育的健康发展。

第二,自然环境恶劣,使得广西边境民族地区经济社会发展困难重重,难以为教育的发展提供强有力的支撑。在广西边境地区,丘陵山地面积占80%以上,很多地方还是大石山区,人均耕地少,边民生存和发展环境恶劣。按国家贫困标准衡量,2009年离边境线20公里范围内贫困人口共30.1万人,占边境县贫困人口60%以上。边境尚有64个村委会和763个自然屯没通公路。① 恶劣的地理环境使得边境地区的经济发展相当困难,而这种状况因边境地区的特殊性,不能像内地一样采取异地移民搬迁方式解决经济发展和贫困人口的贫困问题。不难想象,在如此经济状况和地理环境下,广西边境地区尤其是边境农村地区与内地经济发达地区的教育发展水平差距日趋扩大。

第三,我国是一个发展中国家,国家对经济发展的部署是按照从沿海到内地,从东部到西部,从城市到农村逐步推进的。无论是哪一条路径,地处西南边疆的中越边境地区始终处于最末端,要在相当长时间内,才能充分享受国家政策辐射。教育也同样如此。毋庸讳言,国家的区域发展战略,使得广西边境民族地区义务教育的非均衡发展现象将在长时间内存在,即边境地区义务教育滞后于内地发达地区,农村地区教育滞后于城镇地区。

第四,乡村社会的劳动力外流与城市化发展呈正相关系,在一定程度上又加大了地区城乡二元结构。在目前,我国经济转型和社会转型的关键时期,乡村社会劳动力外流在加快城市化发展进程,减少乡村剩余劳动力压力、改变农民经济状况的同时,也进一步加大了城乡经济二元化结构,相应地加大了教育发展的二元结构。一方面,大量的劳动力涌向城市,他们在加快城镇化发展的同时失去了对农村发展的推动,使得乡村发展的速度远远低于城镇发展的速度;另一方面,乡村社会劳动力外流改善了农民的经济状况,但这对农村的发展带来的只是短期效应,从长期发展来比较,是不利于农村地区的。此外,乡村社会劳动力外流影响了内地农村基层组织的正常发育,党政工作难以开展,更不用说抓好义务教育等工作。这些都引发一系

---

① 广西壮族自治区边境地区的基本情况及其加快发展建议,http://www.gxdrc.gov.cn/cslm/dqjj/201011/t20101115_256042.htm.

列的农村社会问题。

二、教育资源严重不足,办学条件整体滞后

从教育系统内部来看,边境民族地区教育存在教育资源严重不足,办学条件与教学需求不同步的问题。而经费的短缺又是最直接、最关键因素。教育系统内部各种要素之间相互依赖、相互结合、相互渗透、相互制约。一种要素的变化将引起其他要素之间的连动作用,从而影响教育的整体行为。经费的充足与否,直接影响到教育的办学条件,同时也影响"普及义务教育"、"推进义务教育均衡发展"目标的实现。

第一,学校校舍不能满足办学需要。边境民族地区中小学尽管已经消除了全部的 D 级危房,但新的 C 级危房呈不断上升的趋势,①由于经费的紧张,这类房子得不到及时的维修和改造,对教学安全造成隐患。经过学校布局调整后,许多学生纷纷涌入规模较大、办学条件较好的中心校和完小寄宿就读,导致寄宿制学校频频出现教室、宿舍楼、食堂等基础设施不足、功能不强等问题。由于学生宿舍缺乏,许多宿舍都被改造成通铺,一间小宿舍容纳十多个学生,住宿条件很恶劣。即使是在经济条件较好的防城区,校舍的建设也存在不均衡,城乡差距明显,尤其是民族教学点和民族班的发展,无论是从师资,设施还是教学环境都很薄弱,基础设施还相当落后。全区大部分民族教学点,特别是边境一线瑶族聚居区,教学条件十分简陋,部分教学点仅有一两间教室,却要开办一至三年级的复式班,其中有 6 个少数民族教学点连教师办公室都没有;完小和中心校的民族寄宿班有学生宿舍,而非完小教学点则没有学生宿舍,那良民族中学和那垌中心校则没有女生宿舍。因

---

① 从 2008 年 8 月至 2009 年 8 月,天等县组织县建设、教育、水利、国土、安监、地震、消防、气象等部门对全县中小学进行了大排查,共排查了 278 所学校,校舍 1017 栋,建筑面积424944 平方米。经过排查,发现全县有 269 栋建筑面积为 124993 平方米的不合格校舍需重建或加固改造,但改造经费的筹措却是一个难以解决的问题。

此,校舍的缺乏和校舍功能不强是边境民族地区普遍的问题,而这些问题又是办学的最基本的条件,影响的不仅仅是教学正常的开展、学生生活的保障,更是反映了边境地区教育发展整体上还处于较低水平。

第二,教学设施不能满足教学需要。从城镇学校来看,边境地区学校的硬件设施有一定的基础,但已有的设备陈旧、不完善,不能适应教学的需要。如凭祥市民族实验学校,塑胶跑道还在建设之中,而这也是全市唯一的标准田径运动场,其他中学只有简陋的篮球场和基本的体育用具。在电教设备方面,凭祥全市学校电教室的电脑基本上是 2000 年凭祥市通过自治区"普实"验收前购置的,到现在大部分已损坏,一些学校连微机课都不能正常开展。天等县民族中学的电脑也是如此,基本上不能正常使用。在问卷调查中,很多学生反映:运动场、体育器材、图书资料等设施设备缺乏,挫伤了学生参加集体活动、课外活动的积极性,不利于学生个性和爱好的培养。1584名学生对"你对学校现有图书资料、实验仪器、体育设施的评价"的问卷调查中,表示满意的仅占 39%。从对学生们的个别访谈得知:尽管学校收藏有一些教学参考书,但种类比较少,而且复本书和旧书较多,上实验课时往往只能多人一组。与城镇学校相比,农村小学的硬件设施更加落后。很多农村中小学校领导、教师都反映,所在学校没有与教学配套的教学设备。如在体育设施方面,许多农村学校连一个标准的篮球场都没有,体育器材非常缺乏,教学配套的硬件设施也非常简陋。宁明县农村学校的教师反映,所在学校数量不多的计算机已残破不堪,系统老化,近十年都没有更新,无法进行正常的教学工作。在经济较为发达的防城区,农村小学也同样面临硬件设备不足的问题。如少数民族教学点虽然有课室、桌凳等简单设备,但教学仪器设备配备较少。民族教学点中,有 9 个点没有教学仪器,5 个点只有少数的教学仪器,15 个点没有体育活动场地,只有隘脚小学 1 个教学点的教学仪器配备充足。

毋庸置疑,边境地区教育资源严重不足、办学条件的整体滞后是显而易见的,其最主要的原因源于经费的短缺。从教育发展的实践经验来看,导致边境地区经费短缺的原因主要有两个方面。

第一,边境地区教育正常的投入不够。边境地区教育以基础教育为主,属于非营利组织。学校的发展与经费的投入有直接的关系,特别是学校设施、生均支出、校舍建设等方面的投入直接体现为教育发展的水平。在广西边境地区学校人、财、物方面十分有限的情况下,教育投入的增加对教育的发展将会产生很大的影响。目前,边境地区对教育的投入是不够的,尤其是对农村义务教育的投入不足,主要表现在对办学条件、学生公用经费、教师待遇等方面的投入。一方面是因为边境地区财政实力不够强。2005 年,国务院印发的《关于深化农村义务教育经费保障机制改革的通知》提出"逐步将农村义务教育全面纳入公共财政保障范围,建立中央与地方分项目、按比例分担的农村义务教育经费保障新机制"。新机制的内容包括:全面实行"两免一补"政策、提高农村义务教育阶段中小学公用经费保障水平、建立农村义务教育阶段中小学校舍维修改造长效机制、公共和完善农村中小学教师工资保障机制。但是由于边境地区经济落后、财力薄弱,使得在教育方面的投入不足,义务教育经费保障机制难以在边境地区建立健全。另一方面是因为边境地区政府行政人员的教育发展观念影响教育投入。尽管国家已将教育提升到优先发展的战略地位,要求各级政府加大投入发展教育,但我国各级教育的发展规划都要接受上级教育部门的指导,而这种指导所采用最直接的方式就是执行政策,各政策的执行主体在政策的解读和过程当中,往往会理性地考虑并追求自身利益的最大化,而规避或尽量降低政策执行的风险,这将造成在政策理论转换成政策实践时会偏离政策指导思想的本意。广西边境民族地区基础设施整体落后,交通、电力、水利等基础设施的改善,贫困边民的基本生活保障等,都需要大量财力的投入。在财力有限的情况下,政府更注重其他方面建设的投入,而在教育方面的投入自然显得不足。

第二,倾斜政策不能满足特殊需要。近十年来,国家和自治区加大了对边境的扶持力度,主要通过大会战形式,集中力量、集中资金、集中时间对边境一线基础设施进行综合治理,建设了一批乡镇学校,在推动边境民族教育发展方面取得了明显的成效。但由于广西边境地区是一个特殊的区域,在发展边境地区教育当中有一些特殊的需求。首先,广西边境地区既是我国的南疆大门,又是少数民族居住的地方。这些地方环境恶劣,一些县份既是广西的"老、少、边、山、穷"地区，更是"国家级"贫困县，再加上受长期战争带来的创伤没有得到及时医治。因此，需要投入更多的资金进行特殊的建设和补贴，如国门教育、特设岗教师的特殊补贴、少数民族学生的补贴、贫困学生的资助、教师的"安居工程"或"周转房"工程，等等。其次，由于地理环境的原因，广西边境地区教学点分散，许多学校教学规模过小。尽管在中小学学校布局调整过程中已经对教学点过于分散的学校进行了调整合并，但仍然有许多农村中小学规模偏小。在办学过程中，学校无论大小，都需要一些固定的投入，如校舍、仪器设备、图书资料、运动场地、教师培训、管理人员等。广西目前教育公用经费的划拨又以学生人数为标准，规模偏小的学校所获得的经费远远不够学校的固定投入和开支。而边境地区教学点分散和学校规模偏小的现实因边境的特殊性而无法在短时间内改变，唯有加大投入才能解决现实困境。总之，广西边境地区的特殊需求单靠地方政府解决已经力不从心，而目前国家教育政策还不足以解决边境民族地区教育发展存在的诸多问题，还需要我国在教育改革和发展中进一步加大对边境地区政策倾斜力度，不断健全国家资助政策体系，从经费投入方面加大对边境民族地区、边远贫困地区的支持力度，切实解决边境地区教育资源严重短缺，办学条件滞后的现实困境，从而缩小教育区域发展的差距。

三、特色发展囿于局部，品位和层次亟待提升

从国际范围来看，特色发展已成为各类学校发展的灵魂，也是国内外名校实施品牌战略的重要内容。早在20世纪90年代，我国颁布的《中国教育改革和发展纲要》就提出了"中小学要办出各自特色"的指导方针。特色发展受教育管理体制的影响，也与教育管理人员的观念、素质密切相关。

近些年来，广西边境民族地区注意结合本地的实际，从边境地区经济和社会发展的特点以及学生的特点出发，通过举办寄宿制学校、民族中学、民族班，开展民族传统文化教育活动，开展双语教学等形式发展民族教育，在特色办学上积累了不少经验，但同时还存在一些问题。

第一,特色发展囿于局部,办学特色还不够鲜明。广西边境地区的特殊性赋予了其教育以特有的使命,同时也彰显了边境民族地区丰富的文化传统和文化底蕴。这些特殊性体现在广西边境地区经济的滞后性、边境性和民族性的统一性、文化的同根性、语言的同源性。经济的滞后性要求广西边境地区的教育发展必须立足于地方实际,而不能一味地追求和模仿发达地区教学方法、教育模式等;边境性和民族性的统一性又体现了广西边境地区教育发展的特色所在。中越边境山连山,水连水,在 1020 公里陆地边境线上,有的地方两国同一村,一山分两国,两国边民长期比邻而住,语言相通,风土人情也大都相近,习俗相同,族亲关系盘根错节。边境一线近 200 万人的壮、苗、瑶、回、京、黎等少数民族人口,各族人民都有其独特的民族传统和民族文化,其中以壮族文化最为典型,而独特的民族传统和民族文化需要通过教育来世代传承和发扬光大。然而在目前,这些特色在边境地区的教育中并没有得到充分的体现。例如在广西边境一线有 1/5 的边民难于听懂或会说普通话,少数民族村落中基本仍存留不少旧习性,极大地制约了当地的对外沟通交流。毫无疑问,在广西边境地区实行双语教学非常必要。对于一些只会讲壮话的壮族农村儿童来说,如果一入学就直接接受汉语文教学,会对他们的学习造成困难,从而影响整个教学质量的提高。但遗憾的是,这一颇具特色的民族教育形式在广西边境地区并没有得到很好的发展。在调查中,一些地方行政官员认为,壮语教学在 20 世纪 80 年代曾兴旺了一阵,而现在基本上对壮文没什么要求了,壮汉双语教学名存实亡,可有可无。受到社会经济文化变迁及应试教育的冲击,壮汉双语教学面临衰竭之势。目前,广西边境地区中,只有德保县、龙州县等边境县的少数学校仍继续努力开展壮汉双语教学工作,如德保县仅 3 所学校开设了壮文课,实施壮汉双语教学;龙州县则通过师生用壮汉语交流、增设教学设备、对壮语教师进行培训、为“双语”教师补贴生活费等方式,持续推动和鼓励教师进行壮汉双语教学。其他边境地区大多认为,汉语已成为非常通用的语言,年轻人基本上都能用汉语进行交流,壮汉双语教学在学校教育中已经不是十分重要,因而不重视开展壮汉双语教学。

第二,特色的发展还存在形式化倾向,对文化和精神的内涵涉及不深。

特色发展应主要是扎根于精神和文化层面的,而非外在的、物质的包装。边境地区特色发展在一定程度上还处于应付上面任务的现象,热衷于宣传,片面注重形式而忽视了内在质量和持续的发展。例如,在部分边境县市的民族中学开设民族班、开设民族课程(如民族歌舞特长班、民族体育文化),这原本是极具特色的办学形式,但往往是虎头蛇尾的效果,重视建设的形式,而对如何管理、如何将特色发扬光大缺乏考虑和具体的行动支持。天等县民族中学民族歌舞特长班就是因缺乏经费的支持,仅开办两年就被迫取消。另外,在特色发展过程中,还存在不切实际地模仿发达地区一些学校的做法,尤其是在硬件建设上和教学模式上的效仿,什么吸引眼球就搞什么,不管它有没有基础、适不适合学校。习惯于用衡量发达地区教育的尺度丈量边境地区的教育,致使广西边境民族地区教育脱离实际,距离特色办学越来越远,因而也迷失特色发展的方向。我们主张借鉴国内外发达地区优秀学校的办学经验,也希望通过与发达地区结对子来共同推进边境地区教育的发展。但广西边境地区教育的发展应该从地方经济社会发展需要出发,抓住"地方性"、"边境性"和"民族性"等方面的特殊性来发挥优势和特点。这显然也是一个繁重而复杂的系统工程,有着丰富的内涵,但不能一蹴而就。

边境地区特色发展过程中存在的各种问题并不是不可避免的,导致这问题的原因是多方面的。既有客观原因,也有主观原因,其中最根本的原因有以下几个方面。

第一,现行的管理体制束缚使得学校自主发展空间受到约束。在我国现有管理体制下,各种政策的制定,教育的发展决策都采取自上而下来层层传达,上层管理模式的统一化与下层学校发展需求的多样性化并存是一种事实的存在。而多样化的需求往往因管理上的标准化而萎缩。各级学校习惯于接受上级教育行政机构的各种指示,过分地依赖上级部门的各种"给予",学校管理者、教师的工作主动性和责任感不足。原本作为学校个性发展的动力因过分的集权而失去,同样也失去了学校自己的风格和特色。例如目前的应试教育模式成了教育发展的指挥棒,它以统一、客观的标准去丈量每一位应试者,甚至每一所学校;以考试作为价值取向的起点,形成了整个教育活动的逻辑结构和行为系统,包括相关的教育价值取向、教活动模式、手段以及教育活动的结果等。① 而作为学生成长发展所必需的德育、思维能力培养等却在实质上成了副课。

第二,对特色概念的模糊,是广西边境地区教育的认识困境。很多学校认为,对学生传授的知识多,学生的学习好、教学条件好、教学手段先进等,就是教育质量高;在办学过程中,开展"人无我有"的活动就是特色。这实际上是对特色发展的误解。关于"特色"的含义,《现代汉语词典》解释为"事物所表现的独特的色彩、风格等",它是一个事物或一种事物显著区别于其他事物的风格、形式,是由事物赖以产生和发展的特定的具体的环境因素所决定的,是其所属事物独有的。在办学中追求特色发展应该表现为不同地区、不同学校独特的色彩和风格。当然,这并不是追求一种特立独行的教育发展模式,也不是追求一种"人无我有"式的低水平的发展状态,而是要根据其特定的、具体的环境因素,以适应地方经济社会发展需要为出发点,以当地文化资源为基础,来构建学校独特的校园文化、课程设置、教学风格等,并以此促进教育整体优势的发挥,达到全面提高中小学教育质量和办学效益的目的。从边境地区教育自身发展来说,走特色之路是符合边境地区政治、经济、文化实际的一种理性选择。因为在广西边境地区这片经济落后的土地上,整体实力都处于劣势,不可能按照发达地区的标准来实施和推进教育的改革与发展,唯有做好"特色"这篇文章来彰显广西边境地区的教育个性。办学特色可以表现在学校管理之中,也可以体现在思想教育、教学工作、课外活动等各个方面。有特色并不等于有质量,那些低水平的"人无我有"的特色不是真正的特性,只有办出高水平的特色才称得上质量。

第三,管理者及教师的素质跟不上特色办学的要求。从教育内部关系来看,管理者及教师的素质是学校质量保障及特色发展的关键。在管理者方面,陶行知先生说过:"校长是一个学校的灵魂"。校长的教育理念决定学校的发展,学校的办学理念、办学定位、课程设置、教学组织、校园文化等

① 参见朱正义、张士华:《中小学特色化·多样化的理论与操作》,山东教育出版社 2001 年版,第 90 页。

都是学校提高质量与发展特色的着力点。而校长教学理念和发展模式的实施,需要靠高素质的教师队伍来配合。而在广西边境地区,由于素质和管理能力还有待提高,教育理念较为陈旧等原因,学校管理者想提高教育质量和搞特色办学,还显得心有余而力不足。

总之,广西边境民族地区教育要从实际出发,处理好需要与能力、客观规律与主观愿望之间的关系,要立足于边境民族地区经济发展的特殊性和历史使命,抓住"地方性"、"民族性"、"边境性"等关键问题,积极创造条件,大力推进教育改革与发展,着力打造高质量的、特色鲜明的民族教育。如将边境地区教育放到国家稳定、安全的战略高度,在学校教育中开设相关课程,对学生进行爱国主义教育、民族团结教育;借助中越边境的文化同源性、民族同根性,开展各种教育合作和交流活动;基于中越边境民族语言的同源性,在边境地区学校以多种形式开展汉语、越语、壮语的教学。

四、师资紧缺是办学瓶颈,数量、质量和结构三重矛盾并存

清华大学前校长梅贻琦先生有句至理名言:"所谓大学者,非谓有大楼之谓也,有大师之谓也。"言下之意是,人才乃大学的立足和发展之本。事实上,各种层次的教育都是如此。在中小学校所有的资源中,教师资源最重要,重要到教育什么资源都可以或缺,唯有缺少教师就不能称其为学校。从国内的情况看,不同地区、不同学校的教育之所以具有不同的发展水平,根本的原因在于彼此拥有不同水平的教师团队。可以说,教师是教育事业的第一资源和核心要素,因为提高教育质量,核心是发挥教师的作用;推进教育均衡发展,瓶颈在师资配置;全面实施素质教育,关键在教师的素质。教育的改革和发展,都必须依靠教师的力量承担和完成。

在教育事业发展的新阶段,教师的地位和作用越来越突出。正因为如此,边境地区也采取各种措施加强师资队伍建设。但在目前,广西边境地区学校依然面临教师数量和质量双重问题,且结构性矛盾突出。

第一,从整体上看,边境地区教师数量还不能满足教学需求,尤其是边境农村学校教师极度缺乏,聘请代课教师的学校在边境地区并不罕见。

第二,整体教师素质不高。从学历层次上看,边境民族地区学历不合格中小学教师逐年减少,但高学历者所占比例较小。在小学教师中,大专和中专学历的教师占较大比例,本科以上学历者所占比例较小;中学教师中,本科和大专学历者所占比例较大,具备研究生学历的教师较少;值得注意的是,相当一部分中小学教师是通过继续教育的途径获得现有的最高学历的,其中以自学考试和函授两种方式居多,而这些补偿性学历提高教育对于提高教师业务水平的成效并不明显。从实际的教学能力上看,边境农村地区教师在教学理念、知识结构等方面与教育发展的需求还存在相当的差距,教师整体素质偏低。

第三,边境地区教师结构性矛盾突出。一是学科性分布不均匀。在广西边境民族地区,英语、体育、美术、音乐、计算机等学科教师紧缺,而语文、数学学科教师相当富余,通常是相应的课程教学往往由语文、数学等学科的教师兼任,其教学效果自然会大打折扣。二是教师资源配置不合理。同一县内,优秀教师集中在城镇学校,而农村教师紧缺且素质偏低。三是职称结构不合理。职称结构重心偏低是各边境县教师队伍普遍存在的一个重要问题。四是层次结构问题,主要是高中教师数量明显不足。五是部分边境民族地区尤其是农村地区存在中小学教师年龄老化的问题。

教育大计,教师为本。有好的教师,才有好的教育。进入 21 世纪以来,国家把提高质量作为教育改革发展的核心任务,重点是促进义务教育均衡发展,加快缩小城乡、区域教育差距,巩固提高九年义务教育。如果广西边境地区师资队伍的问题不解决,就无法实现这些目标。通过对广西边境地区师资队伍问题进行深入的分析,我们发现形成这些问题深层次的原因既有历史遗留、地理环境等客观因素,也有政府责任缺失、机制不健全等主观因素,主要体现在以下几个方面:一是边境地区教师工资福利待遇低,工作和生活条件差,地理环境恶劣,难以吸引优秀教师来校任教;二是边境地区教师编制结构不合理,师资资源分布不平衡;三是教师培训机制不健全,对教师缺少有效的培训。与越南接壤的边境地区以山区为主,交通不便,生活条件艰苦,再加上待遇保障措施还不健全,特殊补贴落实不到位,住房条件没得到改善,使得许多教师不愿意到这些地方任教,新毕业的教师也望而却步,原本在那里任教的教师不能安心坚守职责,想各种办法调到条件较好的学校。据统计,2007年凭祥市、龙州县、靖西县、大新县4个边境县中小学专任教师调出农村学校的有363人,其中小学教师314人,普通中学教师49人。[①] 在一些偏远山区的学校,由于缺少老师而不得不寻找代课老师来代替,往往是一两个代课老师包办了几个年级的全部课程,对教学质量的影响可想而知。编制结构不合理、师资不平衡是边境民族地区教师队伍建设存在的突出问题。体制不顺,边境地区的教育部门不能有效地管理和配置教师资源,使得教师队伍"进出口不畅通",不合格的教师出不去,合格的师范生进不来。同时,师资编制分配不均衡,出现超编和缺编两极分化。众多教师纷纷涌进城镇和条件较好的学校,导致城镇学校教师超编,但广大边远的农村学校教师数量不足。除此之外,广西边境地区教师培训工作面临较大的困难。一方面,没有形成有效的培训机制,培训的效果无法保证;另一方面,边境县的教师培训工作仍然面临经费问题,难以开展全员培训。城镇中小学由于办学规模相对较大,从上级部门获得的经费较多,基本可保障每年有一定经费资助教师外出参加学习培训。而农村学校由于办学规模小,获得的经费支持也相对较少,如果办学规模低于400人,则难以组织教师外出学习培训。即便是条件较好的城镇学校,每年也只能以轮流的方式让部分教师参加培训和学习,整体培训和全员培训的目标还远远没有达到。

五、留守儿童比例高,教育困难多重而特殊

目前,留守儿童已成为全国关注的人群,留守儿童教育问题已成为全国教育热点问题。当下中国农村剩余劳动力大规模外出务工,相应地也形成

---

① 参见广西新闻网:《扶持崇左边境县(市)建设农村中小学教师住房的建议》,http://www.gxnews.com.cn/staticpages/20080306/newgx47cf1697—1406061.shtml.

了大规模的留守儿童。当然,这并不是说留守儿童百害而无一利。我们也能看到一些儿童因为离开了父母的呵护而变得更加独立、更加自觉、更有爱心和责任心,他们会想办法解决自己在生活上碰到的困难,会主动担当起照顾弟妹的责任。但他们毕竟是儿童,在各方面还存在对成人的依赖性,缺乏足够的判断能力和控制能力,因长期脱离父母的监管而得不到帮助和正确引导,使得他们在个性、心理的发展受到很大的影响,相当一部分孩子存在性格孤僻、情感淡漠、行为习惯差等问题,从而出现辍学、失学现象,一些孩子甚至会走上违法犯罪道路。留守儿童已经对社会的稳定和安全带来了诸多的问题,影响到我国和谐社会的建设。

广西边境地区也是留守儿童较多的区域,留守儿童教育问题主要有两个方面的特点:一是留守儿童比例高。由于边境地区农业经济还没有发展起来,外出打工成为边境地区居民获得更多额外经济收入以提高自己生活质量的主要途径。如此,造成边境地区大量留守儿童的出现。而且,留守儿童分布广泛,不局限于某一边境县市,在经济发展相对落后的县份留守儿童所占比例更是非常高。例如,宁明县留守儿童占适龄学生的30%,尤其是在靠近边境的桐棉乡中心校,80%的学生都是留守儿童;靖西县留守儿童的数量同样巨大,2008年全县7至12岁的适龄儿童共有48108人,其中在校农村留守儿童就有23903人,占这一年龄段学生总人数的49.69%。由此可见,这些边境地区规模巨大的留守儿童,需要引起全社会共同关注。二是边境民族地区留守儿童家庭特殊,情况复杂。边境地区是广西少数民族聚居密度最大的区域,少数民族人口占边境一线人口的81%,留守儿童人口以少数民族为主;留守儿童家庭与境外边民有着复杂的关系;广西边界线上人口密度高,目前,距边界线20公里范围内有21.1万户、92万人,有的地方两国同一村,一山分两国,两国边民有通婚历史(目前地下通婚还是不少),族亲关系盘根错节,情况复杂。这些特殊的关系,使得留守儿童的情况也相当复杂。

教育在增强人的选择特性方面具有工具的意义,它通过改变人的意识空间来改变人的选择指向。儿童是边境地区未来发展的主人,他们受教育程度的高低,在一定程度上影响和决定他们民族意识、爱国意识。要使他们能够在未来肩负起守卫边疆的责任,担当祖国建设和发展的重任,必须通过教育来树立他们爱国情怀和民族意识。在广西边境地区如此大规模的留守儿童中,解决留守儿童的教育问题意义重大。儿童的教育主要来自家庭和学校,留守儿童在家庭教育方面是缺失的,而在广西边境地区留守儿童辍学和失学的现象不在少数,因此,教育的缺失使得他们过早地脱离国内文化意识的影响。显然,这对留守儿童自身的发展,以及边境地区经济、文化、政治的发展是极为不利的。

从民族团结的角度看,我国是一个多民族国家,祖国的繁荣富强需要各民族共同团结奋斗来实现。广西边境地区是以壮族为主的少数民族地区,儿童是边境地区未来的主力军,需要通过教育来增强他们的民族意识和责任感,使他们在成人之后能承担起边疆建设的重任,在面对复杂多变的国际形势和国内改革发展稳定的繁重任务时能正确认识和处理民族问题。

从国家安全的角度来看,中越边境一线村庄毗邻,人口密度大,山水、耕地相连,人员交往频繁,广西边境的边民既是边疆建设的参与者,又是守卫边防的卫士。他们的言行举止、思想意识将影响边境的稳定,甚至国家安全。当前,随着中越边境关系的好转,传统边界纠纷之类的安全问题在逐步淡化,但这并不意味着不存在安全因素。事实上,边境地区非传统安全威胁不断上升,边疆安全威胁呈现多元化。一方面,种族、宗教、领土争端、武装冲突等引起的传统安全问题远未消除;另一方面,恐怖主义、跨国犯罪、毒品走私等非传统安全问题日益突出。正是这种复杂交错的边境关系构成了边疆特有的地缘政治和地缘安全问题。毫无疑问,边民对国家主权的维护意识、对国家边界的国土意识、对边境安全的防范意识、对维护国家的安全稳定有着特殊的意义,而这些意识需要长期通过学校教育的影响来养成。总之,边境地区是一个特殊的区域,其特殊性除了体现在特殊的民族性和国家安全性上,还表现在特殊的国际交往形象、军事意义、政治意义和经济意义上。正是这些特殊性,决定了解决边境留守儿童教育问题的特殊意义。

学校是留守儿童学习和生活最主要的地方,学校的条件和教师的组织措施直接影响到留守儿童的教育成长问题。目前,广西边境民族地区学校条件还存在诸多困境,不利于留守儿童的成长。一方面,由于经济的困境,县、乡财政的配套资金和其他自筹资金无法兑现,无法满足所有学生的寄宿要求。大部分学校寄宿配套设施的建设跟不上校点的布局调整步伐,造成部分小学校点撤并后,接收学校没有寄宿条件,学生上学路程超过规定要求,安全得不到保障。许多学校即使能接纳一定的在校寄宿的学生,也会因宿舍楼、食堂等基础设施不足、功能不强等问题造成寄宿条件也十分恶劣。另一方面,寄宿制学校缺乏管理人员。为了满足寄宿生的需求,各边境县积极建设寄宿制学校,但后勤人员配备不足,缺少专职的管理人员及生活老师,使学校承担的责任越来越重。寄宿生的生活由教师轮流进行监管,这让老师感到身心疲惫,管理常常局限于学生不出事而已,对寄宿生的管理工作难免有缺位之时。

留守儿童问题的解决既是一个理论命题,也是一个实践命题。一方面,巨大的城乡经济差异是形成留守儿童的直接原因,城乡经济结构是剩余劳动力转移的主要动因,这种经济结构及其发展趋势将在我国持续相当长一段时间,决定了留守儿童也将是边境地区长时间内存在的问题,必须通过纳入社会经济发展的总体规划中加以解决。另一方面,留守儿童主要是以学龄儿童为主,留守儿童的一些问题需要在教育实践中进行解决。在政府层面,政府及教育行政部门要针对存在的问题,投入精力,专门研究,创造好的条件和环境,制定相应的教育政策和社会政策予以解决。如提供资金资助,改善学校的寄宿条件,购买图书资料,配备专职管理人员及生活老师,为寄宿的留守儿童创造良好的生活条件,丰富留守儿童的精神生活;在学校层面,边境地区学校和教师要更多地关心留守儿童,组织教师研究解决留守儿童教育问题的对策,通过知识的学习、品行的发展、心理健康以及人身安全等方面引导和教育孩子,开展各种活动来丰富孩子的精神生活,锻炼孩子的各种能力,并以此来弥补孩子家庭教育和爱的缺失。

六、结　语

总体来看,广西边境民族地区教育发展存在的问题既有宏观层面上的,也有微观层面上的;既具有普遍性,也因其特殊的环境和条件而具有特殊性。这些问题有的是在理论上没解决好,有的则是在教育发展实践上没解决好。教育的发展是一个宏微渗透、纵横交错、动静结合的立体网状结构体系统,影响其发展的因素不在于某一元素,而在于各种元素或元素之间的结构关系。边境民族地区教育的发展是一个复杂的系统工程,既要处理好民族与政治、历史与文化、自我和环境、阶段和过程、结构和功能等各种相互关系,又要关注教育发展的资源配置、社会、经济、人口等之类的问题。正因为如此,其发展也是处于不断探索当中,一些教育发展的经验也恰恰是教育面临的问题。如边境地区采取特殊办学形式发展教育,这是经验。但这种办学形式又是局部的,而且在办学过程中面临诸多困境,这又是问题,因此需要在改革和发展的过程中不断地调节和完善。限于篇幅和能力,我们仅仅根据调查的结果,从以上几个角度进行分析,其目的是为边境民族地区教育的发展提供借鉴和参考。

第九章 直面短板：走出广西边境民族地区教师发展的困境

　　师资紧缺是边境民族地区办学的瓶颈，数量、质量和结构三重矛盾并存。边境民族地区的教师除了应具备一般教师的基本素养，还应具有一些特殊的素养。这些特殊的素养主要表征为：熟悉少数民族地区的生活习惯、民族文化、国家的民族政策以及少数民族学生的心理特征；掌握相关的学科专业知识；具备特殊的教育教学能力，能够将民族文化、民族艺术、民族体育等融入到相关学科以及校园文化当中；等等。然而，广西边境民族地区经济比较落后，自然环境十分恶劣，教育发展水平依然较低。面对此种情况，如何建立一支素质优良、数量充足、结构合理、相对稳定的师资队伍，是当前广西边境民族地区迫切需要解决的问题。

一、完善政策机制，保障师资队伍建设

　　建立完善的政策是加强师资建设重要保障。广西边境民族地区经济落后、师资薄弱，教师队伍的建设不仅要求广大教育工作者及一线教师不懈的努力，也迫切地需要各种教育政策的倾斜和支持。近年来，为促进广西边境民族地区教育的发展，政府和学校不遗余力地加强边境地区师资队伍建设。国家及各级政府出台一系列的优惠政策，对边境地区师资队伍的建设起着巨大的作用。这种支持政策的内容与精神既体现在国家出台有关发展基础教育、义务教育和农村教育等政策与法规中，也体现在党和政府制定的社会发展的宏观规划和重大决策中。诸如，实施边境地区教师特殊补贴政策；率

先在边境地区实施教师安居工程,解决教师住房困难问题;及时补充英语、体育、音乐、美术、信息技术、少数民族语言等特殊专业教师;通过完善边境地区优质师资引进和留用政策、农村中小学教师特岗计划、优秀师范生定点免费培养、全区特级或优秀教师边境支教、园丁工程人选边境支教等,确保优质教师资源率先流向边境学校,服务边境学校;完善激励措施鼓励和支持内地优秀教师到条件艰苦的民族地区任教,做到"下得去、留得住";不断完善校长、教师培养、培训和交流制度,持续提高教师素质;等等。

政府出台的政策对边境地区师资队伍建设的促进作用是昭然的。这种促进作用既体现在广西边境地区教育改革和发展中,也体现在教师队伍日新月异的变化当中:教师队伍以追求数量为主向追求数量和质量并重转变;教师以单纯提升学历为目标向懂得多学科知识、多种教学技能的复合型教师为目标转变;教师的培训由专门的学科知识教育为主向专门的学科知识、现代教育理念、教育技能、职业道德等并重的教育转变;教师的生活条件和工资待遇在逐步地上升;等等。这些转变都在向我们传递一条信息:边境民族地区教师在数量、质量、结构以及待遇上都发生了很大的转变。毫无疑问,这些变化与国家和广西各级政府对教师队伍建设的重视、尤其是对中越边境地区师资队伍建设在政策和经费保障上给予的大力支持是分不开的。

总体来看,广西边境地区教师队伍建设的政策还需要不断地完善。各级政府需要加强对边境民族地区师资队伍支持政策的认识和理解,以提高政策执行的成效;要以国家宏观政策为指导,制定各地师资队伍发展规划,使各种政策在统一规划中相互兼顾、互为补充,以共同的目标促进政策的执行成效,同时也更能优化教育资源的分配和利用;要建立和完善教育政策执行的监督和评价体系,并以此作为提高教育政策质量的途径。但在目前,最重要的是要加大对边境民族地区政策的倾斜力度,改善农村教师的待遇和生活条件。因为生活需要是人类生存的基本需要,在大多数时候,人们从事教师这份职业首先是考虑其具有的谋生的经济功能。人本主义心理学家马斯洛认为,人对需要的满足是从低级逐渐向高级发展的,只有满足了较低级的需要,才会想着去满足更高级的需要。对于教师而言,只有在吃饭住宿的问题得到了解决时候,教师才会感觉到有一定的安全感和归宿感,才具有实现自我发展以及教师职业所蕴涵的其他育人功能的动力。当前,广西边境民族地区经济发展还处于全国落后水平,只有通过国家政策的支持,方能提高教师的待遇和生活条件,以此吸引更多的教师进驻边境地区从教,使得边境民族地区优秀的教师能够"愿意来"并"留得住"。同时,也以此来激励教师们提升自身的教育教学能力、追求更高水平的教学质量。

总而言之,完善的政策机制是教师队伍建设的保障,而教师待遇的提高和生活条件的改善是当前广西边境地区教师最基本的需求,各级政府应积极推动实施义务教育学校绩效工资制度,对农村教师实行倾斜政策,进一步完善和扩大教师周转房建设规模,加快开展农村中小学教职工保障性安居工程和周转房建设,改善农村教师住房条件,为教师追求自己的职业发展奠定了较好的物质条件。

二、加强内部管理,促进教师队伍可持续发展

良好的管理体制是教师队伍持续发展及促进其整体功能发挥的内在机制。教师队伍的功能由教师的素质、教师队伍的结构、外部的环境共同决定。从教师队伍本身来看,教师素质是教师队伍的基础,如果教师素质太差,不论结构如何优化,也没法建设出一支高质量的师资队伍,就像任意挑选几个球员,再高明的教练也无法训练出一支世界级球队一样;合理的教师结构是建设教师队伍的必要条件,在教师素质相近的情况下,不同的结构组织、教师资源的配置状况则影响师资队伍功能的发挥。从师资队伍的外部关系来看,环境(如政策环境、资金的投入、行政人员的教育发展理念、教育的对象等)的不同意味着教育的条件、气氛不同,可能对师资队伍发挥功能产生有利或不利的影响。鉴于此,要加强师资队伍的建设,提高教师队伍的功能,就必须提高教师素质、优化队伍结构、改善运行环境,并促进三者相互协调、相互作用。实践经验表明,建立科学合理的管理机制是实现这些目标有效途径。在教育先进的地区和学校,必定有一套成熟和完善的管理体制。国际经验同样显示,建立相应的管理机制是加强教师队伍建设的重要措施。

在美国,虽然没有在全国形成统一的管理制度、管理规范,但是就美国教师队伍建设的总体来看,仍然形成了一套普遍认可的、大同小异的管理规则,形成了一种普遍认同的管理文化,这些规则和文化虽然不是出于官方的政策,但几乎已成为所有学校中一种理所当然的规矩,一种无形的秩序,这对教师队伍的建设起着决定性的作用。

在教育相对落后的广西边境民族地区,教师队伍管理体制的建立是必要且重要的。当前,为了提升边境民族地区的国门形象,促进边境教育发展,广西各级政府注重教师队伍的建设,并通过各种途径着眼于师资队伍管理机制的构建。在提升教师队伍的素质上,采取对在职的教师进行提升和引进优质教师的方式来提高教师素质。广西通过"国培计划"、"省培计划"和全员培训,不断完善边境地区校长、教师培养、培训和交流制度,大幅度持续提高边境民族地区教师素质。对于师资力量薄弱的边境民族农村地区,政府采取重点扶持。依托广西"21世纪园丁工程",广西边境地区教师队伍在学历层次、学科知识、教育理念、教育技能、职业道德等方面都得到大幅度的提升。如在支持农村教育的服务中,广西师范大学坚持为地方基础教育服务的宗旨,注重服务民族地区、边境地区和落后地区的基础教育,在招生录取时优先考虑这些地区的生源,并在学费上给予适当照顾,至今已为边境民族地区培养出相当数量的教育专业硕士,促进了边境地区教师队伍素质的提高。2008年,具有硕士学位授予权的广西民族大学成为培养民族师资基地,为边境民族地区教师队伍素质的提升进一步提供条件和保障。近年来,广西采取多种形式来优化边境地区师资队伍结构,着力建立畅通的教师进出制度。如通过完善边境地区优质师资引进和留用政策、农村中小学教师特岗计划、优秀师范生定点免费培养全区特级或优秀边境支教、建立地区和学校对口支持制度等形式来统筹教师资源,加强边境民族地区尤其是农村薄弱中小学师资队伍建设。在外部环境方面,广西通过政策支持、经费保障等方面,探索建立符合边境地区中小学师资队伍建设的体制。如中小学校发展需求的教职工编制标准、中小学教师培养投入机制改革,完善代偿制度等。

从现状来看,广西边境民族地区师资队伍建设还处在探索和完善的过程当中。针对当地的具体情况,建立一套完善的师资队伍管理体制,应考虑以下几个方面:一是加强中小学教师人事制度改革,建立科学有效的编制管理体制。当前,边境地区中小学校布局情况复杂,按照全国统一的编制管理体制不能适应教学需求,各边境地区应当开展中小学教职工编制标准改革,探索建立适合当地教育发展需求的教职工编制标准。二是要建立进出有序的教师队伍动态管理机制。在教师队伍建设中建立能进能出管理机制,让不合格教师退出教学岗位,让优秀教师能够充实到教师队伍当中,提高教师素质,优化队伍结构。三是要建立和创新边境地区中小学教师队伍的培训管理机制。这种培训管理机制应该包含培训经费的支配管理、培训人员的统筹安排、培训效果的监督评价等方面的内容。确保能够采取有力有效的措施,整体提高教师队伍的素质。当然,在管理体制建设的整体过程中,各项工作并无严格界限和分工,而是通过政府统筹协调,为实现教育资源整合和优化奠定基础,推进师资队伍建设。

三、改革教师资格制度,严把教师入口关

经过近三十年的建设,广西边境地区师资队伍的建设在数量、质量和结构在发生着一系列的转变。教师的发展由过去的注重数量的增长向当今的数量、质量、结构并重转换。这就意味着,在教师准入这一环节应该严格把关,建立严格的教师准入制度,严把教师入口关和质量关,这样才能从源头上阻止不合格师进入边境地区教师队伍。[1] 国际经验表明,建立教师资格认证制度是把好教师入口关的最佳途径。美国的《霍姆斯报告》明确指出:"教师要提高自身的专业地位,只能靠颁发反映最高水平和最严格训练的名副其实的教师资格证书。"[2]广西从 1996 年起,自治区教委贯彻执行国务

---

[1] 于伟、张力跃等:《我国欠发达地区农村教师队伍建设中的结构性困境与破解》,《教育研究》2007 年第 3 期。

[2] 马骥雄:《战后美国教育研究》,江西教育出版社 1991 年版,第 198 页。

院颁发的《教师资格条例》和国家教委发布的《教师资格认定过渡办法》,于1997 年基本完成全区中小学教师资格认定过渡工作。2001 年开始在教育系统内部推行,2005 年自治区教育厅颁发了《关于进一步规范我区大中专应届毕业生申请认定中小学教师资格有关问题的通知》,规定了全区师范类教育专业应届毕业生和非师范教育类专业毕业生教师资格认定权限和程序,教师资格认证制度开始在广西面向全社会启动实施。现行的基本做法是师范生可以直接认定和获得相应的教师资格证书,非师范生教师资格申请人员到指定机构修完规定学时的教育专业课程并通过测试,经过面试、试讲合格,普通话证书、思想品德鉴定表、体检表、毕业证书等相关材料俱全,即可获得教师资格证书。

　　教师资格制度是国家对教师实行的一种法定的职业许可制度,国家在制定和执行这种制度的时候必须设定一定的标准,即教师资格认证标准。教师资格认证的标准问题本质上是一个"合格教师选择"的问题。要科学制定教师认定标准,就必须对"什么人可以当教师"或者说"怎样的教师才是合格教师"有一个明确的认识和界定。从发展的角度看,这种标准应该是动态的、发展的,在不同的时期有不同的参照系。如广西的教师资格认证制度在当时教师队伍建设中起到了积极作用,但随着教育的发展,这种认证方法已凸显出标准偏低的缺陷。在当下,广西教师资格认证标准不仅应该对教师学历水平、专业知识、专业技能及职业道德等作出明确的规定,还应要求教师具有适应社会发展和教育变革的能力和素质。过低的标准显然是不利于吸收优秀人员进入教师队伍,也是竖立在边境民族地区师资队伍建设面前的一扇藩篱。由于之前实施的教师资格认定制度相对宽松,教师资格"门槛低",导致大量人员取得教师资格证后并未从事教育工作,真正上岗成为教师的仅占 30% 左右,造成教育资源的浪费。①

　　当前的状况已经说明,改革广西教师资格认证制度已是刻不容缓。对于如何改革广西教师资格制度、改革的路向和着地点何在? 我们认为:一是

---

① 广西 新 闻 网, http://www. gxnews. com. cn/staticpages/20100513/newgx4beb2bf7—2942024. shtml.

要认真解读合格教师应具备的基本素质和教育教学技能,科学制定资格认定标准;二是要严格教育理论考核,培育未来如何教学;三是要延长教育实习时间,加大实践环节认证力度;四是要实行师德综合考评,让品学兼优者入职教育;五是要打破教师资格终身制,实行定期教师资格认定。

教师是一个特殊的职业,同医生、律师一样,应具备特殊的能力,即教育教学的能力。这种能力应包括教师的语言表达能力、选择教育教学内容和方法的能力、设计教学方案的能力、掌握运用教育学和心理学的能力、语言表达能力、管理学生的能力以及为提高教育教学水平而进行研究活动的能力。而这种能力的获得必须经过相关的培训和理论学习,并经过严格的理论考核来检测。在入职教师之前,教育实习的意义是昭然的,它是教育理论知识学习的继续,也是把学习的理论和实践相结合获取教育教学能力的最可靠途径,目前已成为一种国际趋势。为了提高广西教师资格的认证的效度,广西教育厅拟从 2011 年开始,要求非师范类人员申请中小学、中职及幼儿园教师资格,须参加教师教育基地集中培训一年,系统接受教学基本功训练、教育教学实习等,考核合格后还必须参加教育教学理论全国统一考试,考试时间为每年一次,上半年 3 月为申请考试时间。师德考核是教师准入极其重要的环节,历来备受世界各国重视。师德缺失者,即使教育理论知识、学科专业知识、教育实习再优秀,也不能成为合格教师。正因为如此,2008 年 9 月,中国修订了《中小学教师职业道德规范》,规定教师要爱国守法、爱岗敬业、关爱学生、教书育人、为人师表、终身学习,彰显了新时期教育发展对教师师德的要求。另外,要持续提高师资队伍的质量,就应该促使教师树立终身学习的理念,但目前的教师资格终身制恰似横在教师终身学习道上的一条鸿沟,阻碍着师资队伍素质的提升。为打破教师资格终身制,清退不符合教师任职资格的人员,广西提出实施教师资格定期注册制度,每 5 年注册一次。未从事教育工作的持证者注册时需书面提供 5 年来的学习进修情况,从事教育工作的持证者每满 5 年需向教师资格认定机构提供继续教育学分登记情况,以及年度考核情况,考核达标才能予以注册。

四、着眼于教师专业发展，多渠道
构建教师培训体系

教师职业是以培养人为目标的实践活动，这就决定了教师职业的特殊性。1966 年巴黎召开的联合国教科文组织大会通过了《关于教师地位的建议》，指出教育工作是一项专门的职业，教师必须要有专门的知识、技能、高度的责任感；这种职业要求教师经过严格的、持续地学习，获得并保持专门的知识和特别的技术。从某种意义上说，教师职业的特殊性正是教师专业发展的立足点，要求个人在相关的训练和培养之后成为教学专业成员，并在教学中通过持续地训练和学习，将理解和掌握的知识灵活地运用到教学实践当中。教师专业发展是一个持续不断的过程，这一过程应该包含两个方面：一方面是教师自身的专业成长过程，这是教师自身自省和反思而在专业知识与技能态度上的个人成长或自我实现；另一方面是促使教师专业成长的过程，这是学校或其他部门开展的各种提升专业的学习活动或培训活动，以期促使教师达到教师专业标准，促进教师得到专业成熟。

基于教师职业的特殊性，我们在构建边境民族地区教师培训体系必须立足于教师专业发展。即不仅要根据教师应具备的专业知识、教学技能、教育教学能力等方面来构建教师培训的内容，还必须根据教师职业的特殊性构建持续的、长效的培训机制。那么，如何实现这样的目标？近些年来，广西各级教育部门和机构结合边境民族地区的实际情况，对构建中小学教师培训体系进行探索和实践，取得了一定的经验：一是政府重视边境民族地区师资队伍建设，从政策、制度、经费及组织等多个方面支持和鼓励中小学教师的培训工作；二是不断健全中小学教师培训管理制度与自治区、县、校三级教师培训体系，着力提高教师培训实效；三是制定合理的规划，合理设计课程内容，即根据教师专业发展的需求，针对教师教育教学能力、教育技术能力、教师师德等方面的提升进行合理的课程内容设计，有计划、有针对性、有步骤地对边境民族地区教师进行培训；四是以提高质量为突破口，多形式、多层次、多渠道、大规模开展中小学教师培训。如通过组织教学观摩、实地教学考察、同行介绍经验、共同研讨等活动提高教师教育教学能力，通过师德全员培训、师德论坛、师德征文、师德先进事迹巡回报告等形式提高教师职业道德水平，以"广西 21 世纪园丁工程"为载体加强学科骨干教师培养，采取多种模式进行中小学校长任职资格、提高培训、骨干培训，采取送教下乡等活动加大边境民族地区教育技术能力、教学技能培训，开展以"新理念、新课程、新技术和师德教育"为主要内容的全员培训。五是确定边境地区中小学教师培训基地。广西民族大学作为面向广西民族地区培训基地，2010 年在广西边境民族地区开展送教下乡活动，取得了很好的成效。

在教师培训内容的设置方面，除了要注重教师专业的统一要求，还要注重边境民族地区教育发展的特殊要求。边境民族地区在文化、宗教、习俗、语言以及国家安全等方面与内地有很大的差异。而这些差异体现出人类文化的多样性，关系到各民族的存续、社会的和谐以及人类文明的健康发展。学校是传承人类文化的主要阵地，民族文化能否通过学校传承和发展，关键是要看教师是否具备相应的教育理念和能力。因此，在边境地区教师培训的过程中，必须考虑让教师深入地了解相关民族理论与民族政策、当地的文化、宗教、习俗、语言习惯以及相应的国家安全知识等，确保教师能够在教学过程中根据民族地区学生的实际需求进行教学，将民族文化、民族艺术等融入到教学内容中去，并能在校园文化、学校制度、教学内容、教学语言中体现出民族发展的特殊性。

五、立足于边境民族地区的特殊性，
创新和完善教师补充机制

广西边境地区地处祖国南疆，世代居住着以壮族为主的 12 个民族的人民。由于特殊的历史、地理、文化等方面的因素，这些地区的教育在目前还处于相当低的水平。这些特殊性主要表征为以下几个方面：第一，在相当长的时间内，广西中越边境地区处于战乱状态，其经济、文化、教育等方面的发展因军事方面的影响而远远滞后于内地发达地区,同样也影响到师资队伍建设。第二,待遇保障差和恶劣的地理环境,吸引不了优秀的教师进驻边境地区任教。与越南接壤的边境地区以山区为主,教学点比较分散,交通不便,生活条件艰苦,再加上待遇保障措施还不健全,特殊补贴落实不到位,住房条件没得到改善,使得许多教师不愿意进入这些地方任教,新毕业的教师也是望而却步,原本在那里任教的教师不能安心坚守职责,想各种办法调到条件较好的学校。第三,对广西边境地区的边境性和民族性的认识的不足,影响对教师队伍的素养标准的要求。在过去,人们习惯认为边境地区尤其是少数民族农村地区对教师的要求不高。但事实恰恰相反,边境地区兼有民族性和边境性,教师在担负着传递人类共同文化成果的同时,也承担着传递边境民族地区内各民族优秀传统文化、宣扬爱国主义精神的义务。而在目前,边境民族地区具有这些素养的教师极其有限。鉴于以上原因,要加强广西边境民族地区教师队伍建设,显然不是一项简单的工程,也不可能在短时间内能够完成。必须立足于本地的特殊性,构建教师补充机制,突破边境地区师资紧缺的办学瓶颈。

对于任何国家和地区而言,都曾不同程度地面临农村和民族地区教师发展的问题。建立教师补充机制是为解决教师发展中面临问题的策略和举措,通过教师补充机制来改变教师队伍数量不足、素质不高、结构不合理、缺乏活力等现状,达到优化教师队伍、促进义务教育均衡发展的目的。从世界范围来看,建立相应的教师补充机制已成为许多国家吸收优秀教师进入教师队伍,提高教师队伍素质的策略。在美国,订立了"向教学过渡计划",该计划通过吸收其他专业和学科领域优秀人才进入教学领域,或者录用学习成绩优良、获得教学以外其他专业学士学位的学生担任教师工作,以弥补中小学教师数量短缺及教师结构失调等问题。[1] 英国政府早在 1997 年就把教育头等大事确定为如何吸引更多的人从事教师职业,并制定了一系列措

---

① 《美国实施"选择性教师证书计划"》,《比较教育研究》2003 年第 1 期。

施提升教师职业待遇、地位和职业标准。① 在中国,国家及教育行政部门一直很注重教师的吸收和补充,尤其是 21 世纪以来对农村教师队伍的补充特别重视。如 2004 年,教育部启动实施"农村学校教育硕士师资培养计划"(简称"硕士师资计划"),通过学校培养和实践锻炼,为边远贫困地区农村学校培养教育硕士师资。2006 年,我国开始实施"农村义务教育学校教师岗位计划"(简称"特岗计划"),公开招募高校毕业生到"两基"攻坚县的农村义务教育阶段学校任教;2010 年出台的《国家中长期教育改革和发展规划纲要(2010—2020 年)》在"加强教师队伍建设"中提出,要"以农村教师为重点,提高中小学教师队伍整体素质。创新农村教师补充机制,完善制度政策,吸引更多优秀人才从教。积极推进师范生免费教育,实施农村义务教育学校教师特设岗位计划,完善代偿机制,鼓励高校毕业生到艰苦边远地区当教师"等等。

为了解决农村教师数量、质量和结构上的各种问题和矛盾,广西区政府及各级教育部门在国家政策及计划的实施和推动下,根据各地的实际情况,制定了具体实施计划,并贯彻实施。有力地缓解了广西边境地区教师紧缺和结构性矛盾,也促进边境地区教师队伍素质的提升。目前,边境地区学校教师队伍结构日趋合理,原本稀缺的学科教师正逐步得到补充,教师素质已有明显提升,教师的合格率在 95% 以上。

从实践的角度来看,教师补充机制的建立是一个不断创新和完善的过程。因为各地区情及教育状况各不相同,对教师的需求也不尽相同,因此,没有一个固定的模式能够照搬移植,而需要在实践中不断地探索和总结。为了能够有效地解决广西边境地区教师资源紧缺的问题,教师补充机制的建立应该考虑一下几个方面:第一,补充机制应充分考虑边境地区的实际需求,让边境地区能够补充最缺的教师。教师的补充不仅仅是数量的补充,而且要根据教师的实际需求有计划地补充。目前,广西边境地区不仅存在教师数量不足的问题,教师素质、师资结构的问题更为突出,尤其是表现在英

---

① 张世辉、周鸿:《农村教师补充与退出机制的研究综述》,《教育学术月刊》2009 年第 10 期。

语、体育、音乐、美术、信息技术、少数民族语言等特殊专业教师紧缺。因此，对教师的补充和吸纳，要有针对性地考虑教师的学科专业。第二，建立教师补充的标准，让优秀的教师能够进入到边境地区教师队伍中来。教师的补充主要是为边境地区补充优秀的、高学历的教师，能够成为边境民族地区教师骨干，担当起农村地区教师教育改革的重任。因此，要制定严格的标准，从源头上保证教师队伍素质。第三，建立监督机制，合理分配资源，让优秀的教师能进入到最需要的学校中去。在广西边境地区中小学，教师紧缺的学校主要分布在广大农村地区，而一些城镇学校的教师还存在相对"富余"的状况。在教师资源分配的过程中，由于各种利益的关系，相关人员往往会不那么自觉地行事。鉴于此种情况，在教师补充的过程中，有必要建立相应的监督体系，确保能够合理有效地分配资源，让最需要的学校获得教师补充。第四，建立退出机制，疏通教师交流的"进出口"，让优秀的教师能够"进得来"。由于历史的原因，边境地区尤其是农村学校不合格教师仍然占很高比例，占据着教师编制，无法腾出岗位来补充优秀的年轻教师，使得边境地区一方面缺乏合格的专业教师，另一方面因编制的问题多年未能补充新教师，而关键的原因是缺乏正常的退出渠道。因此，要建立合理的教师退出机制，让不合格人员能够退出教师队伍，盘活边境民族地区教师队伍凝滞的格局。

第十章 路径选择:探索广西边境民族 地区教育特色发展之路

"人类生活是共通的,同时也是独特的……我们的智慧就在于,洞察多样化中的一致性,同时始终不忘,我们所有的思想都是独一无二的"①。教育也莫不如此,不论是何时、何地的教育,抑或何种类型的教育,教育的核心与实质都是相通的,所不同的是,可能由于地理位置,时空分布等外在因素的影响,不同场域的教育,在教育共性的基础上表现出各自的个性与特色。如与内地的教育相比,边境地区的教育可能表现更多的边境特色、民族特色以及国际特色。而且,也正是在共性基础上诸多个性的存在,教育的大花园才能百花齐放,学生也才能真正成为与众不同的自我。

一、广西边境民族地区教育特色发展的基础

经过三十多年的发展,广西边境民族地区教育事业取得了显著的成绩,形成了自己的特色。

(一)以交流合作为基点的国际教育成效明显

加强与周边国家的教育交流,相互学习借鉴、取长补短,是当前边境地区教育发展的一种趋势。广西边境民族地区比较重视与越南边境学校间的交流,一些边境学校充分利用中越边境两国居民在经济社会生活相互联系、

---

① J·瓦西纳:《文化和人类发展》"序",华东师范大学出版社2007年版。

相互渗透、积极往来的有利时空,积极创造机会,主动开展两国间区域性的校际交流。如凭祥市积极推动当地学校与越南边境学校间的交流活动,越南谅山市教育局、谅山省各普通中学校长先后三次到凭祥市开展教育交流活动,凭祥市也组织教育考察团到越南谅山市开展教育交流活动,并于2009年在凭祥成功举办了中国凭祥—越南谅山基础教育改革与发展论坛。目前,凭祥市高中、初中、小学和幼儿园各一所学校和越南谅山市对应学校建立了中越友好学校。另外,凭祥市学校还通过与越南学生开展"中越青少年手拉手共同净化社会文化环境宣誓暨销毁非法出版物活动"、"中越青少年禁毒防艾教育基地揭牌暨携手禁毒防艾共创平安边境"等活动,加强双方学生间的交流①。凭祥市的中等职业技术学校也与越南等边境国家的院校开展互派教师和留学生的交流与合作。而2005年在龙州县建立的"龙州胡志明展馆",是目前中越两国目前唯一集中反映中越传统友谊的专题展馆。截至2009年底,展馆共接待前来参观的越南青少年6万多人。而依托展馆挂牌成立的"中越青少年友好教育基地",也是中越青少年经常性交流重要平台。又如,东兴市京族学校积极开设越南语课程,并将越南语选修课程逐渐向必修课程发展。京族学校和巫头、山心、潭吉、贵明等小学开设的越南语必修课,由每周的1节增加到每周2节。另外,京族学校与职校挂钩开设越语专业班,面向全区招生。其他边境县也通过各种途径积极开展与越南边境学校间的交流,加强对彼此教育文化的理解。

广西边境县教育与越南边境教育间的交流与合作,加强了双方对彼此文化的理解与信任,为中国与越南甚至与其他东盟国家进行长期的战略性合作伙伴关系奠定了较好的文化互信基础。

(二)以学校关爱为重点的留守儿童教育扎实有效

近些年来,随着广西经济社会的快速发展,居住在边境地区的人们日益

---

① 《凭祥对越教育交流凸显特色》,http://zx. zuojiang. com/2009/0804/article_21946. html;凭祥市举行"中国凭祥——越南谅山基础教育改革与发展论坛",http://www. pxsee. com/news_view. asp? id=17845.

看好因地缘优势而带来的经济发展机会,他们越来倾向于外出打工以获得整个家庭在经济上的快速改善。而父母外出打工之时,普遍是将子女留在家中,由家中的爷爷奶奶等老人看管。无疑,家中的老人无论在教育方式以及时间、精力上都无法给予留守儿童更多、更好的支持,因而,留守儿童的教育问题,父母几乎都是期望学校给予解决。广西边境民族地区学校的留守儿童比较多,如大新县一所乡镇学校,留守儿童占了60%,父母都不在身边;宁明县各乡镇中小学学生中留守儿童达一半以上;靖西县2008年的统计表明:该县7至12岁的在校农村留守儿童有23903人,其中女生11417人,农民工随迁子女在校588人,其中女生211人;13至15岁的农村留守儿童在校生9459人,其中女生4743人,农民工随迁子女233人,其中女生102人。面对数量众多的留守儿童,边境地区学校非常重视对留守儿童的教育,注重通过校园文化建设以及家长和社会的共同努力,共同帮助留守儿童快乐成长。如学校将关爱留守儿童问题作为师德建设的一个重要组成部分,启动"留守儿童关爱工程",以各种形式关注和帮助留守儿童。如定期或不定期的家访,争取与留守儿童的父母进行对话,互通信息或电话访问,及时通报学生的情况,实现学校、社会、家庭教育的三位一体,增强留守儿童教育合力。又如,通过组织丰富多彩的活动,如赏明月唱欢歌、看电影以及"三条腿走路"体育活动等,加强学生的集体意识,提高心理素质,树立积极乐观向上的生活态度和团结奋进的集体意识,培养留守儿童正确的人生观和价值观。

(三)以系统化教育为途径的民族班建设效果良好

开设民族班,进行系统化的民族多元文化教育,是帮助少数民族学生认识、理解本民族的文化传统和整个中华民族的整体价值观,从而形成大民族观,形成对国家、对祖国的认同的最有效方式之一。广西边境县非常重视通过开设民族班,加强对少数民族学生进行系统化的民族教育。如东兴市创办了京族学校,扩大京族学校的招生区域,京族学校招生的生源由原来的万尾、巫头、山心扩大到潭吉、江龙,使京族学校每年级保持2—4班。继续在东兴中学设高中民族班,招收京族同胞入学。全市京族学生入学率达

99.8%。防城区那通中心校开办民族班招收瑶族学生,高林小学是一个瑶族教学点,一至三年级的复式班。防城区那良中学设有9个民族班,其中瑶族初中班6个,民族高中班3个,主要招收高山瑶寨农村户口的小学毕业生。龙州县民族中学被定为县级少数民族传统体育竞技训练基地,学校每年面向全县招收2个农村民族班共100名学生。其他诸如凭祥市、宁明县等边境县(市)也都有设有民族中学或民族班,对少数民族学生进行系统性的民族教育。

为了办好民族班,边境县(市)学校注意挑选责任心强,态度好,业务和政策水平高,有一定教学经验,又能理解和掌握少数民族生特点(特别是心理特点)的老师,进行教学与管理。如防城区现有的6个瑶族班任课老师30人,任课教师都是大专以上学历,3个民族高中班有18名教师,本科学历10人,其余8人全部都是大专学历,并从瑶寨调来一名教师专职负责瑶族班后勤服务工作。良好的师资队伍,为民族班教育水平的提高奠定了较好的人力资源基础。

(四)以教师职业幸福感提高为切入点的教师安居工程有序推进

相对而言,住房问题是广西边境地区教师最为关注的问题之一。长期以来,尽管各级政府对边境教育投了许多财力进行学校建设,但却很少用于教师住房等生活条件的改善。教师的住房条件相当差,极大地影响了教师的工作积极性和职业效能感。教育不仅是一项知识传授工程,也是一项民生工程。这些年来,广西边境地区比较重视和关注教师生活质量问题,把提高教师的生活质量作为一项重要的民生工程来抓。如凭祥市一方面确保教师工资能按时足额发放,无拖欠现象;另一方面,为解决更多教师的住房问题,凭祥市决定扩大实施"教师安居工程"范围。2005年10月凭祥市南区一期教师安居工程已交付使用。2007年,实施南区二期教师安居工程,受益教师122人。2008年,上石中学等6所中小学校建设了78套教师周转房。2009年计划投资153万元在7所边远农村小学建30套教师周转房。大新县也组织实施了村镇教师安居工程共26栋356套住房,建筑总面积17800平方米,总投资1489.8万元,涉及全县11所乡镇中学和13所乡镇中心小学。其他如东兴市、龙州县等边境地区也率先在教师中开展教师安居工程,以改善教师的居住条件,提高教师的生活质量。"教师安居工程"及"教师周转房"等项目实施,改善了边境教师的居住条件,提高了边境教师的生活质量,极大地激发了边境教师的工作热情,增强了教师的职业幸福感。

(五)以学生民族语言能力提高为重点的双语教育成效明显

少数民族语言是少数民族文化的"根",关乎少数民族文化的传承、发展与创新,是少数民族存在与发展的"魂"。广西边境地区学校一直比较注重加强双语教育,力图通过加强双语教育来促进广西边境民族地区少数民族文化和少数民族传统的发展。

一方面,积极开展壮汉双语教学,开发壮族学生智力,传承壮族语言文化。如,龙州县十分重视壮汉双语教学工作,将加强少数民族小学"壮汉双语"教学工作,提升到事关提高壮族人民素质、增进民族团结、促进和谐社会建设的重要任务来抓,并把武德中心小学定为"壮汉双语"教学试点学校,且于2009年秋季学期开始在学前班开设"壮汉双语"教学课程。学校通过师生用壮汉语交流,加强壮语教师职前、职后教育培训,增加"壮汉双语"教师生活补贴等,为壮汉语教学营造了良好的教学氛围。在壮汉双语教学中,广西边境地区学校坚持"以壮为主,以壮促汉、壮汉结合,壮汉兼通"的原则,在语文等科目教学中采用"壮汉双语同步教学",较好地提高了学生的双语水平。另一方面,积极利用本民族语言与其他语言相近、相通的优势,积极开展其他类型的双语教育。如东兴市京族学校充分利用京族的民族语言(即京语)与越南语相通的优势,从小学四年级开始每周安排两节越南语课,帮助学生学习越南语言文化,培养跨文化交流能力。

概言之,与新疆、西藏等倾向于重视汉语语言能力的双语教育相比,广西边境地区学校的双语教育明显地体现出重视学生民族语言能力提升的特征,有时甚至还表现出多民族语言学习的特征,这既有利于学生对本民族文化理解、传承和创新,也有利于学生对"他者"民族文化的赞赏与认同。

二、广西边境民族地区教育特色发展的特点

前面已对广西边境地区教育发展特色进行了微观性描述。从宏观角度对广西边境地区教育特色发展进行元分析,不难发现:广西边境地区教育发展特色体现出鲜明的局部性、点状性和内向性特征。

(一)广西边境地区教育特色发展的局部性

广西边境地区教育特色呈现出明显的局部性,即广西边境地区教育的特色多体现在个别边境县市的个别学校之中。例如,广西8个边境县中,尽管双方边民的经济生活交往非常密切,但在教育文化交流方面,凭祥市仅有为数不多的学校积极与越南国家的相应学校开展相应的教育文化交流,而其他边境县学校目前大都还没有开展与越南学校间的交流。又如,尽管整体上看,广西边境地区学校教师普遍都期待着教师的住房问题能有一个较好改善,但除了凭祥市、龙州县、大新县和东兴市实施教师安居工程以改善教师的住房条件外(也只是部分性地解决了教师的住房问题),其他边境县教师的住房问题目前仍没有得到相应的重视和关注。整体看,广西边境地区的教育发展特色是一种局部特色,多局限于个别县市的个别学校,尚未形成包括所有边境县市所有学校的整体性教育特色。

(二)广西边境地区教育特色发展的点状性

边境地区的教育是一个由许多要素构成的系统性命题。从学理上讲,构成边境教育系统的种种要素,如课程资源、师资队伍、教学模式、管理模式、校园文化等,都是独特的,都应该具有自己的特色。但是,从现实看,广西边境地区的教育特色仍是以点的形式散落于边境地区教育发展的过程之中。如,人们一谈到广西边境地区教育特色,就会马上想到边境地区学校的特色课程,尤其以越南语的课程设置为典型,而边境地区丰富的民族文化特色资源等,却未能体现在课程内容之中。至于教育系统中诸如人才模式等

其他要素,远没有彰显出其应有的特色。

(三)广西边境地区教育特色发展的内向性

教育即生活,学校即社会。边境地区的教育与学校只有与社会紧密联系在一起,才能在社会不断的发展中获得成长的养分。边境地区教育的特色也是如此。从广西边境地区教育目前所呈现的特色看,这些特色仍多局限于教育领域内部或教育领域,而未能体现出与社会其他诸如旅游文化资源开发等领域或行业的关联性。换言之,目前边境地区的教育特色,多是基于教育领域的需要而生成,而很少关注社会其他场域的需要。由于缺乏与社会上其他场域间的交叉交流,边境地区教育发展特色显得单一、欠丰富且多指向教育领域。在这种情况下,随着现代信息技术的日益发展,教育特色作为一种“特殊”资源会以更快捷的速度和更多元化的方式,会被其他地区和其他学校分享和交流,从而使得特色因为极易被复制而在发展中失去其竞争力。

边境地区教育特色发展的局部性、点状性以及内向性特征的形成,无疑有其复杂的原因。

从主观原因来看,边境地区的学校,包括当地的教育主管部门,多停留于“就教育论教育”的思维,不能或很少能跳出教育的圈子看教育的发展,因而面对呈现在边境地区面前特有的区位优势中所蕴涵的教育功能或教育意义,人们经常性的视而不见或见而不知。教育敏感力的缺失,往往使得大多数学校认为特色化的办学思路、办学理念难以有相应的切入点,特色化办学是空中盖大楼。同时,由于升学率在教育评价中仍占有较大权重,致使许多教师、家长以及学生,对学校的特色化办学还持怀疑的态度,认为学校的特色“中看不中用”,特色只是调味剂而不是主食。在这种评价背景下,学校对特色化办学自然没有多大期待。另外,由于教育特色往往与教育质量、社会需要以及历史积淀等方方面面都有着紧密联系,使得学校的特色化办学事实上是一个理论探索容易而实践操作相当困难且易冒风险的问题,这也使得教育基础本就较薄弱的广西边境地区学校及教师不太愿意尝试特色办学。

从客观方面看,广西边境地区当前面临的客观性的条件,如经费不足、教育基础薄弱、教师队伍整体质量相对低下等问题,让广西边境地区教育特色发展受到限制。例如,边境地区学校由于教育经费的不足,使学校开展正常的教育教学活动都显得捉襟见肘。开发特色课程资源、开展特色教育实践等似乎是"额外"的教学活动自然会受到极大影响。又如,国家每年划拨的旨在加强广西壮汉双语教学的 500 万元专项经费政策持续多年却仍未变化,但是,学校开展双语教学成本已随着物价上涨而迅速增长,这使得边境地区学校的壮汉双语教学活动陷入进退维谷的境地。另外,在某种程度上旨在解决边境地区学校教师住房问题的教师安居工程,也是因为缺乏经费的问题,目前只能在个别边境县市的个别学校进行局部性试行。

任何事物都有一个从无到有、从小到大、从局部到整体的发展过程。目前广西边境地区教育特色发展的局部性、点状性以及内向性特点,是广西边境区教育特色发展过程中的无法回避的必经阶段。但是,随着广西边境地区经济社会、教育文化等的不断发展,边境地区教育必然会实现从局部性特色到整体性特色、从点状性特色到网状性特色、从内向性特色到内外兼修的提升、发展。

三、广西边境民族地区教育特色发展的机理

和平与发展是当今世界的主题。当前,广西边境地区和平稳定的双边关系以及国家对广西诸多的倾斜性支持,为广西边境地区经济社会的发展提供了难得的发展机遇。广西边境地区应抓住这一难得的历史机遇,厘清边境地区教育特色发展机理,努力打造边境地区教育特色。

(一)需要:边境地区教育特色发展的源泉

边境地区教育的特色从哪里来? 这是解决广西边境地区教育特色命题首先要回答的问题。心理学研究表明,需要是人类行为的内驱力。教育学研究则表明,教育必须要满足社会、学校以及学生的发展需要,其中,学校和

学生的发展需要服从于社会发展的需要。据此可以推论,广西边境地区教育的特色应当来源于广西边境地区社会发展的需要。例如,随着东盟自由贸易区在广西落户以及中国—东盟国家战略伙伴关系背景下广西与东盟国家间经济、教育、文化等日益频繁的交流与合作,了解、通晓东盟国家特别是越南国家语言、文化等的人才或人才储备,受到社会用人市场的广泛欢迎。在这种背景下,边境地区学校如凭祥市一些学校利用学校毗邻越南的优势,在中小学开设越南语课程,并积极开展与越南边境学校的交流与合作,就成为一种办学特色,并为社会、学校以及学生所接纳。

社会的发展在很大程度上制约着教育的发展速度、发展规模以及发展内容,但是,这并不意味着教育始终是依附于社会的发展,而不能走在社会发展的前面。类似于教学之能走在学生的发展前面,教育走在社会的发展前面也具有一定的合理性。事实上,如果教育走在社会的发展前面,恰恰反映了教育对社会发展有反作用,反映了教育的能动性功能。基于这种思想,广西边境地区教育在其发展过程中,也可以以超前的眼界,打造满足未来社会发展的需要的教育特色。

当然,根据社会发展现实或潜在的需要,打造边境地区教育的特色,也应结合边境地区教育的发展实际,如边境地区学校和学生的特殊性、现实性,以便使边境地区教育特色对上能反映社会发展特殊,对下能适合学校和学生的实情。

(二)课程:边境地区教育特色发展的载体

学校是边境地区教育发展的主要阵地。学校的发展水平在很大程度上反映了边境地区教育的发展水平,而边境地区学校的特色基本也表征了边境地区教育的特色。课程作为学校为实现培养目标而选择的教育内容及其进程的总和,是联系学校、教师与学生的重要纽带,是学校几乎所有教育教学活动的载体。从学理上看,边境地区的教育特色可以表现在许多地方,如学校的管理实践、校园文化建设、师资队伍建设等,但就广西边境地区教育发展的实际看,如边境地区教育主要以基础教育为主,学生的学习主要以系统性的接受性学习为主,边境地区学校教育教学条件相对落后等,课程无疑是边境地区教育特色发展的主要载体。简而言之,边境地区学校有什么样的特色课程,学校就有什么样的办学特色,边境地区教育就有什么样的特色。

(三)政府:边境地区教育特色发展的推手

整体看,边境地区教育发展水平相对落后,教育特色还没有形成整体性、立体化的特色发展态势。如前所述,有学校和教育部门自己本身的原因,但就目前来看,外来因素特别是政府力量在边境地区教育特色发展方面,无疑有着至关重要甚至起决定性的影响作用。例如,政府通过出台倾斜性政策,投入大力的财力和人力,在边境地区开展爱国主义教育、民族团结教育以及国门教育等,都显示出政府在边境地区教育特色发展中无可替代的重要性。

或者出于对经济发展可能带来的显而易见的利益的考虑,当前广西边境县市政府部门非常重视涉外经济特别是对越经济的交流与合作。但是,由于教育效果的滞后性以及说到底对教育所负载的功能的认识不深刻等原因,边境县一些政府部门对彼此间的教育交流与合作,远逊于彼此间经济领域的合作与交流,使得边境地区教育在国际合作中的力度与深度,远远不能达到让学校、教师和学生满意的程度。中国的国情及实情决定了政府是推动边境地区教育发展的决定性力量,广西边境地区教育特色特色发展也是如此。

(四)质量:边境地区教育特色发展的灵魂

打特色牌,走特色之路,是当前教育实践中的热点问题。面对相对落后的教育发展现状以及难得的发展优势,努力打造出自己的教育特色,无疑是广西边境地区教育发展必由之路。对于教育特色,尽管不同的人可能有不同的看法,但大多数人基本都倾向于认为:特色作为客体优先满足主体需要的一种价值尺度,是以质量为基础或在质量的基础上形成的,没有质量的特色,是一种伪特色。

质量是边境地区教育发展的核心,是边境地区教育发展永恒的追求。

随着边境地区寄宿制、标准化学校的建立以及国家和社会各界对广西边境地区教育发展的重视和支持,边境地区的教育质量会不断得到提高并缩小与其他地区的差距。在相同质量水平的背景下,广西边境地区的教育能否受到社会、家长和学生关注和接纳,关键在于边境地区的教育是否发展了自己的特色,形成了自己的品牌。

边境地区教育质量发展本就不是一个可以立竿见影的命题,基于质量之上的边境地区教育的特色发展,更是一个需要长期的精雕细琢的过程。也许正因如此,教育基础相对不足,教育质量相对较低的广西边境地区教育,至少在目前一段时期内仍难形成整体性、立体式的特色。而且,也正是因为边境地区教育特色发展之不易,才显得其弥足珍贵。

第十一章 展望未来:广西边境民族地区 教育发展的前景与策略

边境民族地区教育是中国教育必不可少的组成部分。多年来,由于种种原因,我国边境民族地区的教育发展难以令人满意。从整体上看,广西整体的教育发展本就处于相对落后的状况,广西边境民族地区的教育发展更是远远落后于全国的平均水平。寄托着未来中国教育发展前景的《国家中长期教育改革和发展规划纲要(2010—2020 年)》的出台,让人们看到了国家教育的发展空间,《纲要》中有近 150 字的关于边境教育或边疆教育的描述。对于广西这样的民族自治区而言,边境民族地区教育要不要发展、发展前景如何? 自然成为了不可回避的问题。

一、广西边境民族地区教育发展的前景

《国家中长期教育改革和发展规划纲要(2010—2020 年)》是一幅教育发展的愿景,描绘了未来中国十年教育改革与发展的宏伟蓝图。关于愿景,美国的吉姆·柯林斯在《基业长青》一书中指出:那些能够长期维持竞争优势的企业,都有一个基本的经营理念,即"愿景"(vision)①。所谓"愿景"(vision)的字义为愿望的景象,指目标的图景化②,是一种正在施行的理想,一种指导工作的原则或者说是一段时间内的承诺。愿景最重要的意义在于

---

① 吉姆·科林斯:《基业长青》,中信出版社 2002 年版。
② 胡佛:《愿景》,中信出版社 2008 年版。

能产生精神上的凝聚力和传动力,让组织中每个成员能最大限度地发挥潜力。

广西边境地区教育是中国教育的一个有机组成部分。正如本书第一章中所说的:边境地区教育的发展,对于国家边疆稳定安全、和谐社会构建、科教兴国战略实施、区域经济协调发展、教育与社会公平推进、多样民族文化保护以及国际教育合作与交流等方面,无疑都有着特殊而重要的作用与意义。据此推论,广西边境地区教育的发展,对于广西经济社会发展、广西少数民族文化传承与保护、广西教育公平特别是广西义务教育的均衡化发展以及广西和谐社会的构建等,都具有重要的意义。事实上,广西边境地区教育发展所具有的这些意义,很好地回答了诸如广西边境地区教育要不要发展、何时发展、发展到什么水平、如何发展等一系列问题。

广西边境地区教育需要发展吗? 答案无疑是肯定的。发展既是事物的一种属性,同时也是一种权利,边境地区的教育也是如此。广西位于祖国的南大门,是中国眺望东盟各国甚至南太平洋的桥头堡。理性而逻辑地看,广西边境地区教育的发展属性和发展权利不但不能削弱,反而需要进一步加强。

广西边境地区教育要当下发展吗? 美国政治学家威尔逊和犯罪学家凯琳提出的“破窗理论”表明:如果有人打坏了一个建筑物的窗户玻璃,而这扇窗户又得不到及时维修,别人就可能受到某些暗示性的纵容去打烂更多的窗户玻璃。久而久之,这些破窗户就给人一种无序的感觉。结果在这种公众麻木不仁的氛围中,犯罪就会滋生、猖獗。广西边境地区的教育发展相当落后,这是一个不争的事实,而需要当下发展也是一个不争的事实。与其他地区教育的发展相比,广西边境地区教育类似于一扇破烂的窗,随时都面临着被他人继续损坏的可能。如果不及时加以修补,促进其发展,广西边境地区教育这扇窗势必会越来越破烂不堪。事实上,仔细分析广西边境地区教育发展的现状,不难发现继续损坏的现象已经存在,如广西边境地区学校“难引进、难留住”优质的教师资源、优秀的学生不愿意在本地读书,边境地区教育职业工作待遇与公务员待遇间差距进一步扩大,等等,正是广西边境地教育这扇窗面临损坏的侧证。一言以概之,广西边境地区教育必须马上发展!

广西边境教育需要发到一个什么样的水平? 历史与理性地看,内地包括内地教育,是在边境地区做出牺牲的基础上发展起来的:当内地在抓紧时间努力发展的时候,边境地区却为边疆的稳定牺牲了自己的发展机会;当边境地区努力要发展自己的时候,却发现自己根本没有很好的发展基础。如果说教育发展是经济社会发展的前提性条件、教育公平是社会公平的基础,如果说教育关系着亿万家庭的幸福生活,那么必须从制度上重新考虑不同地区间教育的发展差异。就广西边境地区教育发展的实际来看,广西边境教育发展要达到以下水平:即要以一种高于广西内地教育发展的标准和要求,以一种率先发展的速度,明确边境教育在国家安全战略中的基础性作用,持续推进边境地区教育事业科学发展,实现广西边境地区教育水平高于广西整体教育发展的目标。

二、广西边境民族地区教育发展的目标定位

前面探索了广西边境地区教育的发展前景问题,阐述了广西边境地区教育发展之于广西经济、文化、政治以及广西少数民族文化的意义。那么,广西边境地区的教育到底要达到一个什么水平,才能真正体现其应有之义,这涉及广西边境地区教育发展目标的定位。

(一)率先实现边境地区义务教育均衡发展,打造更高水平的高中教育

实现义务教育的均衡发展,主要目的在于保障边境地区群众平等接受教育。要将边境地区学前教育纳入义务教育体系,尤其要抓好边境地区农村学前教育,实现城乡学前教育服务网络全覆盖。要进一步巩固边境地区义务教育普及成果,提高义务教育普及水平和办学质量。要加快边境地区自治区级示范性高中的建设力度,满足初中毕业生接受高质量高中教育的需求。要结合边境地区经济发展特点,继续大力发展边境地区职业教育,巩

固和扩大职业教育攻坚成果,推进民族地区职业教育综合改革试验区建设,提高职业教育服务经济社会发展的能力。

（二）努力促进边境地区教育公平,办人民满意的公平教育

边境地区教育公平是边境地区社会公平的重要基础。促进边境地区教育公平,重点是促进边境地区义务教育均衡发展和大力支持贫困家庭,根本措施是合理配置教育资源。要加大对边境地区学校的投入,改善寄宿学校的生活条件,积极推进边境地区学校标准化建设,优先满足边境地区儿童接受高水平教育的需要。率先在边境地区学校启动中小学生营养改善计划,逐步提高边境地区学校学生的生活补助标准和政府资助力度并逐步扩大学校资助覆盖范围,确保不让一个孩子因家庭经济困难而失学。

（三）提高边境地区学校教育质量,建设更多更好的优质教育资源

教育质量是教育的生命线,也是人才培养质量的基础。要树立以提高质量为核心的边境地区教育发展观,把提高教育质量作为边境地区教育改革和发展的核心任务。坚持基于边境地区学校内涵发展为基础,强调学校教育质量,注重办出特色、办出水平。要把教育资源配置和学校的工作重点集中到强化教学环节、提高教育质量上来,建立以提高教育质量为导向的管理制度和工作机制。要把加强边境地区学校教师队伍建设作为提高教育质量最重要的工作来抓,着力提升边境地区学校教师素质,优化队伍结构,造就师德高尚、业务精湛、结构合理、充满活力的高素质专业化教师队伍。

（四）积极利用边境地区的区位优势,实现边境地区学校特色从局部特色向整体发展

要充分利用边境地区与越南等东盟国家在经济生活、语言文化等方面相互交融、相互影响的独特优势,在边境地区学校已有特色办学经验的基础上,将边境地区学校特色办学由局部推向整体,实现边境地区学校整体特色化办学。

三、广西边境民族地区教育发展的政策策略

前面对边境教育发展目标的理解与分析,仅仅为主体的行为实践提供了努力的方向和动力来源,离真正意义上边境教育发展目标实现尚有万里之遥。广西边境地区教育发展目标的实现,必须基于清晰、具体的发展路径。

教育本就是个非常复杂的命题,加上边境地区所附带有的诸如战争因素、自然条件、地理位置等,致使边境教育发展极具复杂性和特殊性。那么,边境地区教育如何发展? 我们认为,边境地区教育的发展不仅仅是某个职能部门、某具体单位的"私事",而是一个需要全社会所有力量都参与其中的"公事",必须围绕边境地区教育发展目标,即义务教育均衡发展、教育公平发展、高质量发展、特色发展整体性推进,从国家政府、学校、学生及其家长等角度进行理解,构建三位一体的边境地区教育发展体制,促进边境地区教育的发展。就广西边境地区教育发展而言,以下路径是需要考虑的:

(一)国家和政府出台、完善、实施倾斜政策,确保边境地区教育实现发展目标

中国的国情决定了政府是教育发展的主要力量,相对落后的边境教育发展更需要政府的支持和帮助。各级政府必须首先从政策上为边境教育发展提供保障。事实上,正是有了以政府为核心的支持和帮助,如"国家教育专项工程实施"、"中央财政扶持教育重点"、"公共教育资源分配等均向边境地区倾斜"等,才有力地促进了边境地区教育事业的发展①。

1. 进一步完善民族教育政策,为边境地区教育发展提供政策保障

要在总结兴边富民行动经验的基础上,做好兴边富民行动"十二五"规

---

① 教育部:《支持边境地区教育发展》,http://www.seac.gov.cn/gjmw/zt/2010—11—21/1290148184724085.htm.

划,充分考虑民族地区教育的特殊性,出台边境教育发展政策,为边境地区教育的持续、健康、有序发展提供发展框架和发展思路。就当前广西边境地区的教育发展而言,尤其要注重在师资队伍建设、学生资助以及对口支援等政策的完善和建设。

(1)完善边境地区学校师资队伍建设政策。教师队伍建设是实现广西边境地区教育质量提高的核心资源。要通过制定完善的边境地区优质师资引进、留用政策、农村中小学教师特岗计划、优秀师范生定点免费培养、特级或优秀教师边境支教、园丁工程人选边境支教等,确保优质教师资源率先流向广西边境学校,服务广西边境学校。

自治区政府要完善边境地区教师特殊补贴政策,率先在边境地区实施教师安居工程,鼓励和支持内地优秀教师到条件艰苦的民族地区任教,做到"下得去、用得上、留得住";要不断完善边境地区学校校长、教师培养、培训及与外校教师的交流制度,持续提高教师素质。

(2)进一步完善边境地区学生资助政策。完善的贫困学生资助体系是实现边境地区教育公平和社会公平的重要保障。国家和自治区各级政府要进一步扩大学生生活补助范围,对边境地区农村义务教育阶段学生实行全部享受生活补助政策;对边境地区中小学生,除了免收杂费、教科书费,还应免部分文具费、校服费,并为学生提供交通费;要通过建立开展勤工俭学、帮困助学的长效机制,动员社会各方面力量帮助边境地区的贫困学生,进一步提高学生助学金标准;要采取措施妥善解决边境一线地区因战争致残人员子女的教育问题,以体现政府的关怀,维护边疆的安定团结;要在边境地区设立实行"三包"(包吃、包穿、包住宿)的寄宿制学校,进一步提高边境地区义务教育阶段寄宿生生活补助标准,确保不让一个孩子因家庭经济困难而失学。

(3)完善边境地区教育发展对口支援政策。积极有效的边境地区对口支援,是快速、持续实现边境地区学校标准化建设的重要措施。自治区政府要通过协调统筹,动员社会各界力量,携起手来共同参与,加大对边境地区学校的扶持力度。对口支援学校要及时将区内外和本校的学校管理、教学研究、学生教育等方面的最新教育信息数据提供给边境地区受援学校;要支持受援学校派领导及后备干部、骨干教师到支持学校挂职、进修、参观教学,支持学校派骨干教师到受援学校举办讲座,派青年教师到受援学校轮流担负英语、信息技术、音乐、美术、体育等课的教学任务,并将此项工作作为培养锻炼本校青年教师的重要途径;要支持对口支援学校将本校闲置的教学仪器、设备、图书支持给边境民族地区学校;鼓励支持学校的学生与受援学校的学生交朋友,开展手拉手活动,开展生动的民族团结教育。

2. 加大经费投入,为边境教育发展提供经费保障

边境地区教育专项经费设立与划拨,是促进边境地区教育公平发展,率先实现标准化建设,以及提高边境地区教育质量的重要基础。政府要想方设法整合更多的资源,在促进边境民族地区经济社会不断发展的同时,加大对边境地区教育的经费投入,通过设立边境教育经费专项等途径,确保边境民族教育经费投入随财政收入增加而增长。

(1)将边境地区义务教育的投入纳入当地经济社会发展规划,确保公共教育资源向边境地区教育倾斜,切实改善边境民族地区学校基本教学设施、教学环境,提高边境民族地区学校的办学实力。

(2)政府设立边境地区教育专项补助经费,用于改善边境民族地区学校的办学条件;在安排支持基础教育专项资金、中小学危房改造工程补助款、改善中小学办学条件补助费、职业技术教育补助费、师范教育补助费、中小学信息化教育专项补助资金等各项教育专项资金时,要向边境民族地区倾斜;在安排青少年校外活动场所建设、对口支持农村薄弱学校建设、教育科研立项等教育资助项目和各项教育教学活动中,要优先照顾边境民族地区;要支持边境地区实施全免费义务教育,高标准、高质量建设中小学,设立边境民族地区中小学津贴,设立教师培训专项资金。

(3)政府要着力贯彻落实《国务院关于深化农村义务教育经费保障机制改革的通知》,保证边境地区义务教育投入的稳定性,建立边境民族地区教育由县级管理向省级直接管理、教育投入"由以县财政投入为主转变为以省财政或中央财政投入为主"的机制。

3. 改善边境地区学校办学条件,提高学校办学水平

与广西其他地区相比,广西边境地区一些学校的办学条件仍然相当落

后,极大地影响了边境民族地区的教育公平。必须采取强有力的特殊措施,改善边境民族地区学校的办学条件,提高学校的办学水平。

(1)率先在边境民族地区推行义务教育标准化学校建设。"支持边境县和民族自治地方贫困县义务教育学校标准化建设"是《国家中长期教育改革和发展纲要(2010—2020 年)》对边境教育发展的明确要求。各级政府要划拨专项经费,根据国家规定的投资标准、改造计划和程序,统筹边境地区城镇化建设过程,将专项经费直接用于薄弱学校、标准化学校的建设,促进教育城乡一体化发展,率先在边境民族地区推行标准化学校建设,切实解决边境地区学校办学条件落后问题,促进边境地区义务教育均衡发展。

(2)修建寄宿制学校,完善寄宿条件。政府要把义务教育阶段的寄宿制学校建设纳入到义务教育学校建设整体规划中,确保建设寄宿制学校经费的充足与及时到位,保证边境民族地区每个乡镇的中心学校都建设有功能齐全、设施完善的寄宿制学校。对现有条件相对较差,只能满足生存性需要的寄宿制学校,要及时改善其条件,为学生提供较好的学习生活条件。政府要把保育员纳入学校人事编制计划,解决寄宿制度学校保育员的编制问题,切实解决保育员素质低、不稳定、责任心不强的问题,并尽量配齐其他相关服务人员。

(3)加强国门学校建设。要结合国家中小学校舍安全工程、新农村卫生校园建设工程、边境建设大会战等,充分利用国家财政部专项资金,整合资源,统筹安排,加强国门学校建设,确保国门学校实现教育功能与社会功能的有机结合。

(4)大力发展高中阶段教育学校建设。政府和教育主管部门要协调各种力量,特别是充分发挥市、县示范性高中的帮助与扶持作用,积极帮助边境地区发展高中教育,提高高中教育质量和水平,增加边境地区高中教育的供给能力。实施边境地区高中教育加快发展工程,改扩建一批普通高中,积极改善高中学校办学条件,扩大办学规模,重点支持边境县市普通高中建设,对于尚未建设有自治区级示范性高中的国家贫困边境县,尤其要加大支持力度。

政府要进一步下移边境地区教育结构的重心,大力发展民族基础教育和中等职业技术教育。允许学校结合当地实际设置多种类型的地方课程,建立具有选择自由度大的普通教育和职业教育相互渗透的课程体系。允许当地学校根据当地经济文化发展,因地制宜调整民族教育的教材内容及学制,适当调整民族语言课、汉语课程以及英语等课程的课时。

4. 利用区位优势,促进边境地区学校由局部性特色发展向整体性特色推进

政府要为边境地区学校开展境外学校交流,积极创造各种有利条件,帮助边境地区学校与境外学校开展课程教学资源联合开发、师生互访等活动,加深对彼此教育文化的交流与合作,为形成彼此间文化互信奠定教育交流基础。

政府要进一步加大培养民汉双语教学的师资和专门人才,通过岗位培训、重点培训、提高学历层次培训,加强师资队伍建设,全面提高双语师资质量。要设立专项经费支持编译、出版符合民族中小学特点的双语教材;要科学调整双语教学实验小学校点的布局,提高办学效益,集中人力、物力、财力办好双语教学实验学校;注意加强宏观指导,及时总结双语教学经验,发现典型加以宣传,同时及时解决双语教学中出现的问题,确保双语教学工作的顺利进行。

(二)边境地区学校必须要立足于已有优势,以内生性力量促进学校发展,形成特色,造就品牌

影响事物发展的因素有外部因素和内部因素,前者对事物的发展起着影响和制约作用,但不能决定事物发展的方向,后者对事物的发展起着决定性的影响因素,决定着事物的发展方向。边境地区教育发展无疑需要国家、政府以及社会各界的全力支持,但这种支持是一种外部因素。在很大程度上为边境地区的教育发展,提供了一般性的教育质量保证或大众化的质量要求。边境地区学校是边境教育发展的直接关系者和实践者。边境地区教育最终发展得如何,关键之处在于边境地区学校内部,即边境地区学校打造办学特色,提高办学质量,通过特色和质量提高边境教育的主动吸引力,使支持边境教育成为全社会的一种主动性表现。边境地区学校在用好、用活

国家和各级政府各种政策措施的基础上,牢牢把握学校的特色与质量,是边境地区学校实现内心强大的必由之路。

1. 加强爱国主义和民族团结教育课程资源开发

广西边境地区集边境性与民族性于一体的特征,必然要求边境地区学校要重视开展爱国主义教育、民族团结教育,以增强孩子们的国家认同感、民族认同感。一方面,边境地区学校要充分发挥学校课堂教学的主渠道作用,发挥教师在民族团结教育中的主导作用,通过积极开展民族团结教育、爱家乡和爱国家教育,扎实推进民族团结教育、爱国主义思想进教材、进课堂、进学生头脑;另一方面,边境地学校要在充分发挥课堂教学优势的基础上,努力将民族团结教育、爱国主义教育,从课堂延伸到课外,实现课堂教学与课外活动的有机结合。除此之外,边境地区学校还必须以一种经营的理念,努力开发学校民族教育与爱国教育的公益性因素,将学校教育与社会教育(如红色旅游等)有机结合起来,使学校的民族团结教育和爱国主义教育成为一种社会资源而不仅仅是学校内部狭隘的教育资源、历史资源。

2. 加强边境地区学校涉外课程资源的开发

东盟自由贸易区的建立,广西北部湾经济开发上升为国家战略、广西"两区一带"①的区域经济发展新格局,以及广西与近邻越南等东盟国家间天然的文化基础,等等,都是广西边境地区教育发展过程中丰富的教育资源与办学资源。广西边境地区教育的发展必须紧紧抓住并利用好这些资源,努力打造出既符合广西区域经济发展大局,又切实反映广西边境地区教育发展特点的教育空间。例如,边境地区学校在办学过程中,以校本课程的形式有计划、有组织开展越南语、边境民族经济、文化、历史等知识性学习,让学生尽早接触有关边境国家的语言、文化、职业等,形成对边境国家的基本性认识,为他们日后从事相关的工作打下基础。事实上,这些校本课程由于与学生日后的职业发展存在着较多的相关,因而,也往往是学生学习的兴奋点。当然,就目前而言,广西边境县的教育多属于基础教育。因此,广西边境教育必须立足于"基础"二字,为孩子日后的成长与发展奠定坚实的发展

---

① 两区是指北部湾经济区、桂西资源富集地区,一带是指西江经济带。

基础,这必然是广西边境教育的一个重要特征。例如,东兴的京族学校等一些边境学校已开始尝试在小学开设越南语课程,并将越南语课程定义为必修课,这无疑能为孩子日后从事与越南有关的工作奠定很好的语言基础。

3. 加强少数民族文化课程资源开发

广西边境地区多属于少数民族聚居地,边境教育必然地要承担出少数民族文化传承和保护的使命。当前,少数民族自己往往很少研究自身所背负的民族文化,即使有个别的相关研究,但研究的深度与方式仍是差强人意。究其原因,除了少数民族群众自身的原因之外,当地未能依托学校建立起相应的少数民族文化教育基础也是重要的原因之一。就广西而言,广西边境地区学校是进行少数民族文化保护与发展的天然性平台,但是由于各种的因素,边境地区学校在这一块上的工作并没有很好的开展起来。如,广西那坡县的"黑衣壮"是壮族民族文化中的一处特殊风景,但当地的学校远远没有与这个特殊风景有机结合起来。

整体看,课程资源是广西边境地区教育体现其特色与优势的集中所在。边境地区学校通过开发、开设富有区位优势的校本课程或课程资源,将区位优势转化为教育优势,进行实现边境地区教育的优势与特色发展。换言之,边境地区教育的特色必须以学校为平台,以课程及其资源开发为切入点,以活动(包括教学活动与课外活动)来实现相应的特殊发展与特色建设。

(三)学生和家长必须处理好近景发展与远景发展间的关系,树立长期发展的信心

家长或家庭是孩子成长的第一教育资源。多年来,广西边境地区由于地理条件、战争以及其他因素的影响,边境地区的经济结构多以低技术含量的生计经济为主,即主要是依靠种植一些农作物以解决吃饭问题——即使有一些经济作物,也会因为交通不便、产量不高、质量不高等原因而难以获得经济上多大的改观。低技术的家庭农业经济需要大量的劳动力,这在客观上导致边境地区孩子的家长常常让孩子回家干活帮忙。除此之外,一些外出打工者"做即得"报酬经验、相对规律的打工生活以及相对多的接触外面世界的机会等,也往往以一种榜样的力量,刺激着在校学生的神经,让他

们对外出打工抱有极大的兴趣,从而成为在校学生辍学的一个诱因。在生活压力与打工者榜样的共同影响下,务实的家长和学生追求当下的近景性发展,乃是不得已而为之的行为。

显然,家长都明白教育对于一个人成长的重要意义和作用,但是,教育的作用到底表现在什么地方以及什么时候显现等,却是家长们所不知的,也是孩子们所不知的,再加上学校的教育多是一些知识性的传授与教育,往往导致教育的功能不能得到明显的显现,最终导致读书无用论的盛行。因此,从现实看,边境地区的家长有几个方面需要了解:第一,读书并非真的无用,只是读书的效果具有延迟性,而且读书的效果也往往不是以可见的经济能力或经济水平为标准进行衡量。第二,近景动机与远景动机,是两种不同类型的动机,近景动机是一种基本性、低层次性动机,对于孩子未来的成长和发展来说,近景性动机不利于孩子实现更高水平的发展。

教育学的原理表明:只有孩子自身愿意学习、主动学习,教育的可持续性发展才能得到保证。正如一个人可以把马赶到河边,但不一定能让它喝水一样,自觉、自主的学习对孩子的成长具有重要的作用。办学资源、教师和学生是教育发展的三个支撑点,广西边境地区教育的发展离不开这三个支点的支持。

对于家长和孩子学习观念或教育观念的改变,以义务教育立法的形式,尽管能够在特殊的时候起一些特殊的作用,但简单的司法程序不能从根本上改变家长和孩子近景性动机所带来的即时性利益。因此,在更多情况下,我们需要以一种长远的态度,一种实地的榜样的力量,让家长和孩子树立对教育的信心。

四、结　语

边境地区的教育发展问题,并不是一个"可有可无"的问题,也不是一个能"立竿见影"的简单性问题。总体来看,边境地区教育发展目标的实现,不仅需要社会各界的种种"外源性"的支持和帮助,更需要来自边境民族地区"内源性"力量的努力。在今后相当长的一段时间里,边境民族地区教育的发展将是一个任重而道远的命题。国家和地方政府必须花大力气,围绕边境民族地区教育的内涵建设,逐渐落实和解决边境民族地区教育发展所急需解决的各种问题,边境民族地区的教育发展水平和质量才能达到内地教育发展水平。

第四辑　汇集边境民族地区教育发展政策的有关文件

　　边境民族地区教育作为我国教育体系中的重要组成部分,不但受到一般教育政策的调控,而且因其本身所具有的特殊性而受到针对这些特殊性所制定的特殊政策的引导和调控。发展边境民族地区教育,必须采取特殊的政策,而当前边境民族地区教育事业面临的种种问题,归根结底都是国家的政策还没有完全落实的结果,其解决的主要办法还是要依靠党和政府继续对边境民族地区教育实行扶持政策。

国家民委　关于进一步推动
"兴边富民行动"的意见

（1999 年 12 月 29 日）

去年以来,国家民委倡议发起的"兴边富民行动"得到了党中央、国务院的高度重视和各地区、各部门的积极响应。在各方面的大力支持下,这一行动有了良好开端,各项工作已逐步展开。深入贯彻中央民族工作会议精神,实施西部大开发战略,为"兴边富民行动"向广度和深度发展,提供了良好机遇和有利条件。国家民委要求把这项工作作为跨世纪民族工作的重要任务,加大工作力度,切实抓出成效。

一、充分认识"兴边富民行动"的重要意义

世纪之交,党中央、国务院召开了中央民族工作会议,朱镕基总理在会上强调指出:"要大力加强边境地区的民族工作,继续推进'兴边富民行动',为富民、兴边、强国、睦邻作出贡献,巩固祖国的万里边疆"。这是党和国家的殷切期望,为"兴边富民行动"指明了方向。

我国陆地边境线长,接壤国家多,绝大部分在少数民族地区。加强边境地区工作,历来受到党和国家的重视。在新形势下,开展"兴边富民行动",加快边境民族地区发展,具有重要意义。边疆巩固关系中华民族统一大业,边疆地区民族关系影响国家稳定和长治久安,边疆经济社会发展状况影响国家的对外形象。发挥边疆优势是加快西部大开发,实现社会主义现代化战略目标的有利因素,建设繁荣稳定的边疆是在激烈的国际竞争中赢得主

动权的重要措施。深入开展"兴边富民行动",是贯彻中央民族工作会议精神的重要举措,是加快少数民族和民族地区经济社会发展的需要。各级民委要从讲政治、讲大局的高度,充分认识"兴边富民行动"的重要意义,结合实际,把这项工作推向新的阶段。

二、进一步明确"兴边富民行动"的指导思想、方针和主要任务

"兴边富民行动"要以邓小平理论和党的十五大精神为指针,以改革开放为动力,以深入贯彻中央民族工作会议精神,加快西部大开发为契机,以政府扶持为主,动员全社会参与,依靠边境地区各族干部群众自力更生、艰苦奋斗,争取用10年左右的时间,使边境民族地区基础设施条件得到明显改善,人民群众生活有明显提高,经济和社会事业全面进步,最终达到富民、兴边、强国、睦邻的目的。

实施"兴边富民行动"要坚持"六动"方针:

组织发动。各级政府要加强对"兴边富民行动"的领导,发动有关部门和社会各界,多形式、多渠道、多领域地参与行动。

政策推动。从实际出发,制定特殊政策、措施,加快行动步伐,取得工作实效。

基础设施建设拉动。抓住国家加快西部大开发的机遇,把基础设施建设作为"兴边富民行动"的重要内容,列入计划,筹措资金,使边境地区的基础设施得到显著改善,促进经济社会发展。

重点项目带动。通过实施一系列重点项目,发展地方特色经济,建立支柱产业,形成新的经济增长点。

改革开放促动。解放思想,更新观念,勇于探索,积极创新,以改革促发展,以开放促开发,以"三个有利于"为标准,建立适合边境民族地区特点的发展机制。

社会各界联动。动员全社会力量,调动各方面积极性,发挥各自优势,

尽其所能,形成合力。

推进"兴边富民行动",要做到"统筹规划、分步实施、分类指导、突出重点、试点先行、点面结合",正确处理好改革、发展、稳定的关系;当前和长远的关系;支援与互利的关系;重点与一般的关系;积极稳妥地开展工作。

实施"兴边富民行动"的主要任务是:以解决温饱为中心的扶贫攻坚;以水、电、路、通信为主的基础设施建设;以普及九年制义务教育和适应科技兴边为目标的基础教育和职业教育;以繁荣少数民族文化为宗旨的文化设施建设;以资源合理配置为目的的产业结构调整;以发展边境贸易为核心的外向型经济开发;以退耕还林、还草为重点的生态建设等。

三、做好当前工作,确保取得实质性进展

2000年是推进"兴边富民行动"的关键一年。要抓紧做好以下工作,并取得实效。

(一)抓紧制定"兴边富民行动"的总体规划,争取纳入国家西部大开发的战略部署,有关项目和政策要争取列入国家"十五"计划和到2015年长期规划。各省(自治区、直辖市)民委也要抓紧制定相应的规划和计划,有关项目和政策要争取纳入本省(自治区、直辖市)"十五"计划和到2015年长期规划中。

(二)进一步搞好调查研究。在以往调查研究的基础上,对涉及边境民族地区发展和稳定的重大问题进行专题调研,研究制定有关政策和措施。

(三)按照项目管理的要求,做好前期工作,储备一批有市场前景、有资源依托、有技术保障、符合国家产业政策的项目库。

(四)开展科技、文化、医疗"三下乡"活动。主动会同有关部门组织精干的科技人员、文艺工作者、医务人员,深入边境地区推广适用技术、慰问演出、防病治病等。

四、加强领导,采取切实措施,开创工作新局面

实施"兴边富民行动",是民族工作的一项重要任务,各级民族工作部门要统一思想,提高认识,将其纳入议事日程,作出长期规划和近期安排,采取切实可行的措施,把这项工作广泛深入地开展下去。

(一)加强对"兴边富民行动"的领导。国家民委成立"兴边富民行动"领导小组,负责对这项工作的领导和协调,研究决定有关重大问题和重要事项。领导小组下设办公室(简称"兴边办"),负责"兴边富民行动"的日常工作。"兴边办"设在国家民委经济发展司。各地民委也要成立相应的机构,并尽快开展工作。

(二)搞好舆论宣传。通过召开新闻发布会、专家座谈会、理论研讨会和开展系列新闻报道等形式,运用各种现代信息技术手段,交流信息,广泛宣传,扩大"兴边富民行动"的社会影响。

(三)抓好试点。国家民委在边境地区选择若干边境县作为试点,各边疆省(区)民委可根据情况,分别选择1—2个边境县作为试点。通过试点,摸索和总结经验,以点带面。

(四)实行倾斜政策。搞好政策研究,确定扶持重点,实行优惠政策,采取灵活措施,改善投资环境,加大投资力度。

(五)加强联系协调。"兴边富民行动"涉及领域宽、时间跨度大、包含内容广、工作难点多,需要各部门密切配合、大力协同。各级民委要加强同职能部门和社会各界的联系,搞好协调和服务,在推进"兴边富民行动"中发挥重要作用。

国家民委　财政部关于
继续推进兴边富民行动的意见

（民委发〔2004〕1 号）

各省、自治区、直辖市民（宗）委（厅、局）、财政厅（局），新疆生产建设兵团民宗委、财务局：

为贯彻落实十届全国人大一次会议精神和国务院关于继续推进兴边富民行动的部署，促进边境民族地区加快经济社会发展，现就继续推进兴边富民行动提出以下意见：

一、进一步提高对继续推进兴边富民行动重要意义的认识。按照 1999 年中央民族工作会议关于大力推进兴边富民行动、加快边境地区发展的部署，国家民委、财政部本着"试点先行、总结经验、逐步推进"的原则于 2000 年在 9 个边疆省、自治区确定了 9 个全国兴边富民行动试点县（旗、市、市辖区），2001 年扩大到 17 个。几年来，试点工作进展顺利，取得了明显成效，为全面推进兴边富民行动积累了丰富的经验。实践表明，实施兴边富民行动是促进边疆少数民族地区发展、全面建设小康社会的好形式，是边疆少数民族地区贯彻落实西部大开发战略的重要载体，是顺民心、合民意的德政工程。但也要看到，各地区不同程度地存在着对开展兴边富民行动重视不够、资金不能足额到位、配套措施不完善等问题，切实完成富民、兴边、强国、睦邻的任务仍相当艰巨。因此，我们要按照党的十六大提出的全面建设小康社会的奋斗目标和总体要求，充分认识推进兴边富民行动的重大意义，深刻把握开展兴边富民行动与落实党的民族政策、加强民族团结、实现共同发展的一致性，与实施西部大开发战略、实现全面建设小康社会奋斗目标的一致性，进一步加大工作力度，不断推进兴边富民行动向纵深发展。

二、进一步明确继续推进兴边富民行动的指导思想和目标任务。今后一段时期,继续推进兴边富民行动的指导思想是:以邓小平理论和党的十六大精神为指导,贯彻落实"三个代表"重要思想,抓住实施西部大开发和东北地区等老工业基地振兴战略的历史机遇,以加快发展、全面建设小康社会为主题,坚持以人为本,树立科学的发展观,加大政策扶持和资金投入力度,加强基础设施建设,加快特色经济发展和优势资源开发,加大教育、文化、卫生等领域的公益性项目建设力度,促进边境贸易发展和对外经贸合作,促进边境民族地区经济社会发展再上新台阶。

继续推进兴边富民行动的目标任务是:用 10 年左右的时间,按照"重点突破,逐步推进"原则,大力实施兴边富民行动,力争使边境少数民族地区的基础设施条件明显改善,脱贫致富的步伐明显加快,各族人民群众生活水平显著提高,教育、文化、卫生等社会事业全面进步,为边境地区全面建设小康社会奠定基础,为一些基础较好的边境地区率先实现小康社会创造条件,为实现富民、兴边、强国、睦邻做出贡献。

三、在总结试点经验的基础上确定全国兴边富民行动重点县。国家民委、财政部在对试点工作进行总结验收的基础上,从 2004 年开始确定全国兴边富民行动重点县,并在资金、政策上给予适当倾斜。全国兴边富民行动重点县共 37 个,占边境县总数的 27.4%。在具体分配各省区重点县名额(另行通知)时,将按照分类指导、多寡有别的原则,重点考虑以下几个因素:边境县数量;边境国家扶贫工作重点县数量;人口较少民族分布数量;边境民族自治地方数量。全国兴边富民行动重点县,由各省区根据分配名额和要求先行确定,报国家民委和财政部核准。对全国兴边富民行动重点县,今后要实行动态管理,对一些积极性不高、措施不得力、资金使用效益差的将及时进行调整,以确保兴边富民行动达到预期目的。各省区可根据实际情况自行确定省(区)级兴边富民行动重点县。

四、加大对兴边富民行动重点县的政策和资金支持力度。实施兴边富民行动是贯彻落实西部大开发战略的重大举措。国务院在《关于实施西部大开发若干政策措施的通知》(国发[2000]33 号)中强调要"继续推进兴边富民行动"。国务院办公厅在《关于转发〈国务院西部开发办关于西部大开发若干政策措施实施意见〉的通知》（国办发[2001]73号）中要求"有组织地推进兴边富民行动,重点支持民族地区和贫困地区的边境县,抓好试点,把帮扶措施落实到基层"。因此,继续推进兴边富民行动,一定要贯彻落实好国家实施西部大开发的一系列政策措施。兴边富民行动重点县要结合当地实际将西部大开发的各项政策用好用足。中央财政继续在"少数民族发展资金"中设立兴边富民行动资金,重点用于支持全国兴边富民行动重点县加快经济社会发展。地方财政也应根据需要和财力情况安排资金,积极加大对兴边富民行动的投入力度。

五、进一步协调落实好兴边富民行动建设项目。继续推进兴边富民行动要以项目建设为重点,抓好项目的筹划、立项和实施。兴边富民行动重点县要继续围绕基础设施建设、生态环境保护、特色县域经济、发展科技教育、对外经贸合作等方面组织好兴边富民行动建设项目,建立项目库。要积极抓好协调落实,争取使一些重点项目列入国家和地区的发展规划之中,早日开工建设,早日发挥效益。通过几年的努力,争取在边境民族地区建成一批能为各族群众带来实惠的、并能增强县域经济自我发展能力的好项目,带动其经济社会发展逐步跟上全国的步伐。

六、加强兴边富民行动重点县的人才培养工作。培养各级各类人才,提高劳动者素质是加快民族地区发展的关键举措,是开展兴边富民行动的一项战略任务。继续推进兴边富民行动一定要高度重视人才培养工作。要优先发展教育事业,继续加大教育投入,并适当向边境一线的中小学校倾斜。要认真执行国家的人才政策,将中央财政负担的边远地区津贴制度及其他各项优惠政策落到实处,为吸引和凝聚各类人才营造良好的环境。要采取多种形式,进一步加大兴边富民行动重点县人才培训力度。国家民委等部门要继续办好全国边境县党政干部经济管理研讨班,在组织民族地区党政干部到中央国家机关和东部发达地区挂职锻炼的名额分配上适当向兴边富民行动重点县倾斜。

七、加强对兴边富民行动资金的管理。中央财政为支持全国兴边富民行动重点县发展而设立兴边富民行动资金,体现了党的民族政策,体现了国家对边境民族地区的关心和照顾。各级民委和财政部门应加强对这项资金的管理。一是要保证足额按时到位,不得截留挪用。对截留挪用的,一经发现相应扣减该地区下一年度的资金额度。二是要专款专用,采取每年为边境少数民族群众办几件实事的办法,重点用于建设一些与群众利益密切相关的公益性项目,比如乡村公路、通电通讯、人畜饮水、教育、文化、医疗卫生等小型基础设施建设项目等。此类项目建设要量力而行,注重效益。具体项目立项审批由各省区民委和财政厅负责,报国家民委和财政部备案。三是建立健全兴边富民行动资金管理制度,加强跟踪审计和监督检查,严格财经纪律,规范运作程序,提高资金使用效益,确保将好事办好,实事办实。有关部门可根据实际情况采取日常检查与重点检查、定期检查与随机抽查、明查与暗访相结合的方式,加大督促检查力度。

八、进一步加强兴边富民行动的舆论宣传工作。兴边富民行动是新时期民族工作的一项重要内容,是一项利国利民的民心工程,需要得到全社会的关心和支持。今后要进一步加强舆论宣传工作,继续组织动员境内外各新闻媒体,宣传兴边富民行动的重大意义,宣传兴边富民行动的先进典型,宣传兴边富民行动带来的变化,使兴边富民行动在海内外产生更强大的反响,在边境民族地区更加深入人心。兴边富民行动重点县要通过扎扎实实的工作和进一步的舆论宣传,争取方方面面的理解和支持,调动方方面面的积极性,形成合力,为富民、兴边、强国、睦邻做出更大贡献。

九、进一步加强对兴边富民行动的领导。继续推进兴边富民行动是一项涉及领域宽、时间跨度大、包含内容广、工作难点多的社会化系统工程。各地应进一步加强对这项工作的领导。一是要切实发挥兴边富民行动领导小组的领导协调作用,逐步建立和完善"中央统一领导,分省区负责,以县为基础"的组织领导体制,并积极改善推进兴边富民行动的工作条件。二是各重点县要将推进兴边富民行动列入重要议事日程,分析情况,及时协调解决问题。三是各重点县要将兴边富民行动项目建设纳入本地国民经济和社会发展总体规划,层层落实推进兴边富民行动的目标和责任,并认真进行检查和考核。四是各级民委和财政部门要积极主动开展工作,建立行之有效的工作机制和协调服务机制,为社会各界参与兴边富民行动创造良好的氛围和条件。

以上意见，请结合本地区、本部门的实际情况，认真贯彻执行。

国家民委　财政部

2004 年 6 月 4 日

国家民委 财政部关于核准全国
兴边富民行动重点县及有关事宜的通知

（民委发〔2004〕163 号）

内蒙古、辽宁、吉林、黑龙江、广西、云南、西藏、甘肃、新疆等省、自治区民（宗）委、财政厅：

为贯彻落实国务院关于继续推进兴边富民行动的部署，按照《国家民委、财政部关于继续推进兴边富民行动的意见》（民委发〔2004〕1 号）和《关于确定全国兴边富民行动重点县有关事宜的通知》（民委发〔2004〕80 号）要求，国家民委和财政部根据有关省、自治区报送的全国兴边富民行动重点县申报材料，研究核准了 37 个全国兴边富民行动重点县（以下简称"重点县"）。现将有关事宜通知如下：

一、重点县的名单

内蒙古自治区新巴尔虎右旗、科尔沁右翼前旗、二连浩特市、乌拉特中旗、阿拉善左旗；辽宁省东港市、宽甸满族自治县；吉林省图们市、龙井市、安图县、和龙市；黑龙江省同江市、黑河市爱辉区、逊克县、饶河县；广西壮族自治区靖西县、那坡县、龙州县、宁明县；云南省绿春县、富宁县、西盟佤族自治县、潞西市、贡山独龙族怒族自治县、沧源佤族自治县；西藏自治区亚东县、聂拉木县、扎达县、错那县、米林县；甘肃省肃北蒙古族自治县；新疆维吾尔自治区博乐市、额敏县、哈密市、奇台县、乌什县、阿图什市。

二、重点县的资金分配

为继续推进兴边富民行动,加快边境地区发展,改善各族群众生产生活条件,中央财政在少数民族发展资金中安排兴边富民行动资金,专项用于扶持全国兴边富民行动重点县(简称"重点县资金"),随同少数民族发展资金一并下达到各省、自治区。地方财政根据需要和财力状况安排的兴边富民行动资金,由地方自主用于扶持边境县。

三、重点县资金的使用范围

重点县资金按照每年为边境少数民族群众办若干件实事、好事的要求,主要用于建设一些与群众利益密切相关的公益性项目,比如乡村公路、通电通讯、人畜饮水、农田水利、生态环保等小型基础设施建设项目;适当用于农村基础教育、医疗卫生、文化、广播电视事业及发展种养业、农畜产品加工业、特困人口危旧房改造等。

重点县资金不得用于下列各项支出:行政事业机构开支和人员经费;各种奖金、津贴和福利补助;各部门的经济实体;弥补预算支出缺口和偿还债务;大中型建设项目或相关资金配套;各部门的交通工具及通讯设备;城镇基础设施建设和社会救济;其他与兴边富民行动无关的开支。

四、重点县项目的管理

(一)重点县资金安排的建设项目(简称"重点县项目")实行省级管理制度,省以下严禁切块分配,要严格实施项目管理,做到资金到项目、管理到项目、核算到项目。

（二）重点县项目在地方各级兴边富民行动领导小组统一领导下由民委、财政部门组织实施，其他各部门积极配合，加强协作，各司其责，严格把关。

（三）重点县项目的组织程序：1. 重点县项目由县民委商财政部门共同组织，逐级上报省、自治区兴边富民行动领导小组立项、审批；2. 省、自治区兴边富民行动领导小组在收到中央财政下达的重点县资金后，按项目及时向重点县下达资金，并将项目资金安排情况报送国家民委兴边富民行动领导小组办公室备案；3. 省、自治区兴边富民行动小组办公室于每年 12 月 31 日前将重点县资金的使用情况及项目建设情况报国家民委兴边富民行动领导小组办公室。

（四）重点县项目要量力而行，注重发挥经济效益和社会效益。

五、重点县资金的监督与检查

（一）重点县资金要保证足额按时到位，不得截留挪用。对截留挪用的，一经发现相应扣减该地区下一年度的资金额度。情节严重的，将调整全国兴边富民行动重点县。

（二）各级兴边富民行动领导小组要加强对重点县资金的跟踪审计和监督检查，严格财经纪律，规范运作程序，提高资金使用效益。各级兴边富民行动领导小组办公室要根据实际情况采取日常检查与重点检查、定期检查与随机抽查等方式，加大督促检查力度，确保将好事办实，实事办好。

国家民委　财政部
2004 年 6 月 4 日

国务院办公厅
关于印发兴边富民行动
"十一五"规划的通知

（国办发[2007]43号）

各省、自治区、直辖市人民政府,国务院各部委、各直属机构:

《兴边富民行动"十一五"规划》已经国务院同意,现印发给你们,请认真组织实施。

2007年6月9日

兴边富民行动"十一五"规划

为深入推进兴边富民行动,促进边境地区加快发展,帮助边民尽快富裕,巩固祖国万里边疆,依据《中华人民共和国国民经济和社会发展第十一个五年规划纲要》和党中央、国务院关于大力推进兴边富民行动的精神,制订本规划。

一、指导思想和发展目标

（一）指导思想。

以邓小平理论和"三个代表"重要思想为指导,以科学发展观为统领,以解决边境地区和广大边民的特殊困难和问题为切入点,因地制宜、分类指导,加大扶持力度,采取有效措施,大力改善边民生产生活条件,全面提高边境地区经济和社会事业发展水平,促进边境地区与内地的协调发展,加快边境地区社会主义新农村建设步伐和全面建设小康社会进程,努力实现富民、兴边、强国、睦邻。

(二)发展目标。

总体目标:重点解决边境地区发展和边民生产生活面临的特殊困难和问题,不断增强自我发展能力,促进经济加快发展、社会事业明显进步、人民生活水平较大提高,使大多数边境县和兵团边境团场经济社会发展总体上达到所在省、自治区和新疆生产建设兵团中等以上水平。

具体目标:一是边境地区交通、电力、水利等基础设施落后状况明显改善,边境一线的茅草房、危旧房基本消除。二是贫困边民的基本生活得到保障,边境农村最低生活保障制度加快建立。三是社会事业得到较快发展,边民教育、卫生、文化等基本公共服务条件明显改善。四是县域经济发展能力明显增强,地方财政收入和居民收入水平较大幅度提高。五是边境贸易得到较快发展,重点边民互市点和口岸设施建设得到加强,对外经济技术合作领域继续扩大。六是生态环境保护和建设取得重要进展。七是社会治安状况良好,睦邻友好关系进一步巩固,民族团结进步事业全面发展。

二、主要任务

(一)加强基础设施和生态建设,改善生产生活条件。

加强边境地区公路建设。加强边境地区干线公路建设,进一步提高技术等级、质量和服务水平。加强乡村公路建设,到"十一五"末期基本实现乡镇通油(水泥)路,具备条件的行政村通公路。加强通往口岸、边民互市点、旅游点的公路建设,提高通行能力。加强边境国防公路建设,实现军民共建、军地两用。

改造边境一线茅草房、危旧房。将边境乡镇贫困边民和兵团边境连队贫困职工居住的茅草房、危旧房,基本改造成具有民族和地方特色的安全住房。加快解决部分边境村委会、兵团边境连队无办公用房问题。

加强饮水安全工程和农村水利建设。重点解决边境行政村、兵团连队以及边防部队的饮水不安全问题,优先解决高氟、高砷、苦咸、污染水等问题。加强防洪、灌排、水库、水电等农村中小微型水利设施建设。

加强农村电网建设。通过采取利用电网延伸、开发小水电,以及推进风力发电、太阳能光伏发电等措施,解决边境地区群众的用电问题。继续实施"村村通电话"工程。

加强生态保护和建设。切实搞好退耕还林、退牧还草、水土保持、天然林保护等重点生态工程,遏制部分地区生态环境恶化的趋势。加强农村清洁能源开发利用。推进山区综合开发,大力培育后续产业,加快建立健全生态补偿机制,切实解决生态功能区内农牧民增收和长远生计问题。

(二)突出解决边民的贫困问题,拓宽增收渠道。

加大扶贫开发整村推进力度。对地处偏远、交通不便、条件恶劣的贫困村,一次规划,分批实施,综合开发,改善基本生产生活条件,努力建设和谐文明新村。

扶持扶贫龙头企业。重点扶持一批与农户联系密切的龙头企业,采取"公司+农户"、"合作组织+农户"等方式,发展特色经济和优势产业,逐步实现产业化扶贫,带动贫困边民发展生产,增加收入,改善生活。

加强劳动力培训。采取政府扶持、多元办学等方式,大力开展劳动力培训,使外出务工人员具备较强的劳动技能,留守劳动力掌握一定的适用技术,培养有文化、懂技术、会经营的新型农牧民。

对缺乏生存条件但因守土固边不能易地搬迁的贫困边民,加大帮扶力度,开展就地扶贫,提供特殊补助,保障他们的基本生产生活。

抓好边境扶贫试点工作,探索采取综合措施解决边境贫困县经济社会发展滞后问题的办法和路子。

（三）大力发展边境贸易，促进区域经济合作。

发展边民互市贸易。扩大边民与相邻国家边民的贸易往来，在区位重要和少数民族人口较多的地方，重点建设一批边民互市贸易示范点，促进边境贸易发展，带动边民致富和地方增收。

加强区域经济技术合作。实施"走出去"、"引进来"战略，扩大同周边国家的区域经济技术合作。积极探索开发对外开放的新模式。重点建设一批具有物流贸易集散、进出口加工和国际商贸旅游等功能的边境城镇。大力发展口岸经济，促进出入境旅游健康发展。积极开拓国际市场，带动商品出口、技术和劳务输出。

（四）加快发展社会事业，提高人口素质。

优先发展教育事业。优先把边境县列入义务教育经费保障范围，加快普及和巩固农村九年义务教育。实施农村中小学寄宿制学校建设工程、国门学校建设工程。改善中小学办学条件，加强教师队伍建设，提高教学水平。建设少数民族双语教学示范区，培养合格的双语教师。大力发展现代远程教育，加强教育对口支援。大力发展职业教育，重点培养实用型人才和技能型人才。

加快发展卫生事业。加快新型农村合作医疗等医疗保障制度建设。加强边境乡镇、兵团边境连队卫生院建设，重点改善医疗条件，加强医疗队伍建设，逐步实现房屋、设备、人员、技术四配套。健全县、乡、村三级医疗卫生服务体系和医疗救助体系。加强地方病、传染病的防治工作，重点加大对人畜共患疾病、艾滋病的防治力度，降低发病率。加强计划生育服务体系建设，依法引导和鼓励边民计划生育和优生优育。

大力发展文化事业。加强公共文化服务体系建设，完善文化基础设施，实现县有文化馆、图书馆，乡镇有综合文化站，行政村有文化活动室的目标。加快全国文化信息资源共享工程边境基层服务网点建设，加强面向边民的各类信息服务。继续实施广播电视"西新工程"、"村村通"工程和农村电影放映工程。加强广播电视节目译制、制作能力，使少数民族边民能听（看）得到、听（看）得懂中央台和省、自治区台的广播电视节目。推进文化遗产保护工作,加强民族优秀民间文化资源的系统发掘、整理和保护。对传统文化生态保持较完整并具有特殊价值的村落或特定区域进行动态整体性保护,有条件的地方建立民族民间文化生态保护区,逐步建立科学有效的民族民间文化遗产保护机制。

加强科普工作,重点加强科技信息服务和先进适用技术的推广。积极开展多种形式的文体活动,实施全民健身计划,大力倡导健康文明的生活方式,提高各族群众的健康素质。

(五)加强民族团结,维护边疆稳定。

开展民族团结进步创建活动,坚持进行民族理论、民族政策、民族基本知识和民族法律法规的宣传教育,及时妥善处理影响民族团结的问题,依法打击民族分裂犯罪活动,不断巩固和发展社会主义民族关系。

加强社会治安综合治理,开展创建"平安边境"活动,打击"黄赌毒",坚决遏制毒品和艾滋病蔓延势头,防范打击跨国(境)违法犯罪,逐步构建边境地区社会治安综合治理防控体系,为边境地区发展营造良好的治安环境。

三、政策措施

(一)加大对边境地区的资金投入。

中央和省级财政逐步加大对边境县的财政转移支付力度。中央财政性建设资金、其他专项建设资金、各项财政扶贫资金适当向边境地区倾斜。积极引导、争取各类国际组织、政府机构、企业、社会团体及个人援助、捐助资金投向边境地区。

中央财政继续安排边境地区专项转移支付资金,主要用于边境事务、边境地区公益事业和基础设施建设。中央和地方财政逐步增加少数民族发展资金,并向边境地区倾斜,重点用于解决经济社会发展中的一些特殊困难和问题,逐步改善边民的生产生活条件。边境省、自治区和新疆生产建设兵团相应增加对边境地区的资金投入。

　　国家帮助边境地区拓宽融资渠道,加大对边境地区的金融扶持力度。金融机构对边境地区符合国家政策规定和信贷原则的贷款需求给予积极支持,政策性银行对边境地区开发建设给予重点倾斜。

（二）实行特殊的贫困边民扶持政策。

　　将边境地区的贫困村全部纳入国家整村推进扶贫开发规划,并优先实施。采取政府补助和个人自筹相结合的办法,对边境一线茅草房、危旧房进行改造。中央和省级财政加大资金投入,支持加快建立边境农村最低生活保障制度。

（三）支持边境贸易发展和区域经济合作。

　　完善和加强重点边境口岸基础设施建设。在进出口税收政策、人员出入境等方面,制订改革措施,简化管理程序,优化通关环境,进一步提高服务效率和便利化水平。加大投入,建设好互市贸易区和边境经济合作区。根据有关法规,在具备条件的边境地方,推动建设出口加工区、保税区和边境贸易区,促进边境地区积极参与区域和次区域经济合作。

（四）全面落实发展社会事业的优惠政策。

　　中央和省级财政支持边境县全面落实农村义务教育"两免一补"政策,适当提高寄宿生生活费补助标准。建立健全边境地区农村义务教育经费保障机制,逐步提高中小学办公经费的保障水平。农村中小学寄宿制学校建设工程向边境乡镇倾斜。继续加大在边境县推行新型农村合作医疗制度的工作力度,加强城乡医疗救助,提高覆盖面和补偿水平。对民族贸易和民族特需商品生产继续在金融、税收等方面实行优惠政策,民族自治地方的边境县和兵团边境团场比照享受民族贸易县的优惠政策。

（五）加强边境地区人才队伍建设。

　　稳定人才队伍,优先将边境县和兵团边境团场人才培养纳入有关专项规划和年度计划。采取定向培养、专项培训等措施,大力培养边境地区急需的各类人才。继续办好各种形式的边境地区干部培训班。落实好边远地区干部职工的各项待遇。制定和完善有关优惠政策,鼓励和吸引各类人才到边境地区发展创业。支持边境地区举办农民夜校、扫盲班、科普讲座、实用技术培训等符合当地实际的各类培训班,大力开展农村劳动力培训。各级财政将农村劳动力培训经费纳入预算,不断增加投入。

(六)动员社会力量支持边境地区开发建设。

国家组织、支持和鼓励沿海发达地区的大中城市以及大型企业、教科文卫组织、社会团体等,采取人员培训、捐资助学、经贸合作、技术协作、援助基础设施建设等方式,对口支援边境地区加快发展。采取有力措施,鼓励和支持民间资本参与边境地区符合规划和产业政策的项目建设。

发挥边防部队在边境地区基础设施建设、扶贫帮困、教育宣传等方面的优势和作用,广泛开展军警民共建活动。

大力宣传推进兴边富民行动的重大意义、兴边富民行动给边境地区各族群众带来的实惠和边境地区的发展成就等,进一步营造全社会关心边境地区发展、支持兴边富民行动的良好氛围。

(七)实施一批兴边富民重点工程。

主要包括:边境地区公路建设工程,边境一线茅草房、危旧房改造工程,边境农村扶贫开发和最低生活保障工程,边民互市示范点建设工程,边境农村饮水安全工程,边境地区生态建设和农村清洁能源工程,边境农村文化建设工程,边境农村寄宿制学校和国门学校建设工程,边境乡镇卫生院建设工程,边境地区人才培养和劳动力培训工程等。以上重点工程,根据加快发展的需要和实施条件的成熟程度,逐步启动实施;条件成熟的优先纳入国民经济和社会发展规划及有关专项规划。

四、组织实施

各有关地区和部门要按照"统一领导,国家扶持,省负总责,县抓落实"

的方针,加强领导,密切配合,明确分工,落实责任,认真组织好规划的实施工作。

国务院有关部门要结合各自职责,把规划的相关内容特别是主要任务和重点工程,纳入本部门、本领域的专项规划、年度计划并单列,优先安排,统一组织,统一实施。国家民委要加强综合协调,督促检查规划的实施和进展情况,及时研究解决实施过程中出现的新问题。边境省、自治区和新疆生产建设兵团要全面负责本地区的规划组织实施工作,抓紧制订配套规划。边境县和兵团边境团场要制订规划的具体实施方案,切实把各项任务落到实处。地方各级政府民族工作部门要切实履行职责,加强协调,加大督促检查力度,定期向本级政府报告规划实施和进展情况。

广西自治区党委、自治区人民政府
关于加强广西边境建设的若干意见

（桂发[2000]18号）

广西边境 8 个县（市、区），辖 103 个乡镇，面积 1.8 万平方公里，人口 242 万多人，与越南 4 个省 17 个县毗邻，陆地边境线长 1012 公里。长期以来，边境地区各族人民为维护国家安全、边防巩固和当地经济社会的发展，作出了重大贡献。由于历史的原因，目前，边境地区交通、通讯、教育、卫生、广播电视等基础设施仍然比较落后，严重地制约了经济社会的发展。为促进边境地区的发展，特就加强边境建设提出如下意见：

一、充分认识加强边境建设的重大意义

边境地区在我区的经济社会发展中具有特殊的重要地位和作用。集中一段时间及人力、物力、财力开展边境建设大会战，对于加快边境地区乃至全区经济社会的发展，对于兴边、富民、睦邻和巩固边防都具有重要的意义。

加强边境建设，是加快边境地区经济社会发展的迫切要求。广西边境地区自然资源丰富，又是对外开放的前沿。改革开放以来，特别是邓小平同志南巡讲话发表以来，广西边境地区经济建设和各项社会事业获得了较大发展，但经济发展水平仍比较低，基础设施薄弱，交通闭塞、通讯不畅、饮水难、看病难、儿童入学难、看电视听广播难等状况还没有根本改观，群众生活质量低，贫困面大。在全区基本实现八七扶贫攻坚计划，不少地方群众生活已经达到小康的今天，必须给予边境地区更多的支持和帮助，使边境地区人

民尽快摆脱贫困,实现共同富裕。加强边境建设,尤其是加强交通、通讯等基础设施建设,有利于促进边境地区的人流、物流、信息流,有利于发挥资源优势,发展特色经济,加快边境地区开放、开发步伐。这不仅对边境地区的发展有重要意义,而且对广西整个经济社会的发展和人民生活水平的提高也具有极为重要的意义。

加强边境建设,是维护和增进民族团结、巩固边防的客观需要。民族问题的核心是发展问题。解决民族问题,最根本的就是要把民族地区经济搞上去。巩固边防,从根本上说,也要发展经济。广西边境地区是多民族聚居的地方,少数民族人口占当地总人口的80%以上。加强边境建设,促进边境地区经济社会发展,不仅对维护和增进民族之间的团结,增强党和政府的凝聚力、号召力有重要意义,而且对增强边民的民族自豪感、树立良好的国际形象、巩固边防也有极为重要的意义。

加强边境建设,是实现西部大开发战略的具体步骤。广西边境地区是典型的西部地区,集边境地区、少数民族聚居区、贫困地区于一身。国家实施西部大开发的目的,是通过加强基础设施建设和生态环境建设、调整经济结构、扩大对外开放、发展科技教育事业等措施,缩小西部地区与东部地区发展差距,实现共同发展。加强广西边境地区基础设施建设,改善群众生产生活条件,完全符合中央关于西部大开发战略的要求,是实施西部大开发战略的一个具体步骤和实际行动。把边境地区建设好了,必将对我区全面实施西部大开发战略产生积极而深远的影响。

二、加强边境建设的总体要求和目标任务

(一)总体要求。坚持以江泽民同志关于"三个代表"重要思想为指导,立足当前,着眼长远,集中人力、物力、财力,用两年左右的时间,在边境8县(市、区)开展边境建设大会战,重点加强交通、通讯、教育、卫生等基础设施建设,使边境地区群众的生产生活条件明显改善。

(二)目标任务。在边境地区8县(市、区)全面办好24件实事。

就边防来说,要办好 3 件事:即从那坡到东兴沿边境全线通三级边防公路,由边防公路到边防站通三级路,到各边贸点也要通三级路。

每个县(市、区)要办好 2 件事:即每个县(市、区)都要通二级路;按规定标准和规模改造、扩建、完善 1 所完全中学。

每个乡镇要办好 9 件事:即按国家标准建设好 1 所初中,按寄宿制要求建设好 1 所中心小学,配套完善 1 所卫生院,解决乡镇所在地自来水问题,建设好 1 个文化站,1 个邮政所,1 个有一定规模的农贸交易市场,县城到乡镇通柏油公路,解决好乡镇机关干部住房问题。

每个村要办好 10 件事:即村村通公路,通电,通电话,通广播电视,解决人畜饮水问题,解决村委会办公用房问题,建 1 所寄宿制小学,建 1 个卫生室,1 个计划生育服务站,彻底消灭茅草房。

(三)时间要求。边防三级公路建设,在 2001 年 5 月前实现路基全线贯通,2002 年 5 月前实现柏油路全线通车。其它各项目要在 2001 年 5 月前完成 70% 左右的工程量,2002 年春节前基本完成任务。

三、加强边境建设的措施和要求

(一)大力宣传,广泛发动群众参与。加强边境地区基础设施建设,办好 24 件实事,不仅是加快边境地区发展的大事,也是事关全区发展的大事。宣传舆论部门要切实做好宣传舆论工作,使全区各级各部门特别是边境地区广大干部群众深入了解这次边境建设大会战的目的、意义及主要任务和要求,充分调动各方面的积极性,自觉地投入到大会战的各项工作中,做到党政军齐动员,军警民齐上阵,共同把边境建设好。

(二)制定、落实边境建设大会战的具体实施规划。在自治区边境建设大会战指挥部的统一领导下,由自治区有关部门牵头,边境各地市有关部门参与,共同做好大会战总体规划以及各建设项目具体实施方案的制定工作。要以科学求实态度,深入调查研究,严格设计,精心计算,确保规划质量。各单项建设规划完成后,由自治区发展计划委员会组织综合协调平衡,确保各方面规划相互衔接和相关经济技术标准统一。各项建设都要编制项目册,内容包括项目名称、项目地点、项目总投资、项目资金渠道、项目补助等。对每个具体项目的建设,必须明确建设期限、组织方式和保障措施,确保边境建设有条不紊地进行。

(三)积极筹措建设资金。一是各边境县(市、区)要充分发挥主观能动性,牢牢把握当前扩大内需和实施西部大开发的有利机遇,不等不靠,发扬扶贫攻坚大会战精神,积极动员群众投工投劳,挖掘资金潜力,压缩各种不必要的开支,集中一切可以调动和利用的资金,投入边境地区建设大会战。二是用市场经济的办法筹集和运用资金。对有经济效益的项目,要通过多种办法引导民间资本参与建设;对于有条件通过银行融资的项目,金融部门应给予必要的贷款支持。三是自治区财政要调整支出结构,尽最大能力集中一定资金用于边境建设。边境各地、市也要从财政中调剂出部分资金,专项用于边境建设。四是自治区各有关厅局要把边境地区基础设施建设纳入规划加以支持,尽可能多安排一些专项资金。同时,各厅局掌握的原计划用于边境建设的专项资金,不能因这次自治区安排专项资金而减少或挪作他用。五是采取相关优惠政策支持边境建设。在项目建设中,属于自治区减免费权限内的,有关部门要对费用予以减免。六是自治区各有关部门要主动向国家有关部门汇报,争取专项支持,并跟踪落实到位。

(四)切实加强资金管理,提高资金使用效益。对自治区筹措的建设资金,财政部门要制定专项资金使用管理办法。要统筹规划,实行项目管理,严格审查项目投资概算,努力节省资金,把有限资金用到刀刃上。要分级建立专户,实行专户管理。坚持按进度拨款,实行报账式管理。要对项目进行动态监测,实行跟踪问效。加强资金运作过程中的管理和监督,严禁贪污、挪用建设资金,违者要严肃处理。

(五)加强组织协调,及时解决建设中的各种问题,确保工程质量,搞好安全施工。所有建设项目都要遵循国家及自治区边境建设大会战指挥部规定的程序、要求,严格标准,规范操作。对项目建设既要抓紧,又要有科学求实精神,坚持质量第一,扎扎实实地抓好每一项工程,绝不能搞成"豆腐渣"工程,留下事故隐患。每一项工程交付使用前,都要严格验收,不合格的要重建,并追究有关人员责任。要加强工程施工过程中的安全检查、指导、监督以及施工人员的安全教育,确保施工安全,不出人员伤亡事故和其他事故。

四、加强领导,精心组织边境建设大会战

开展边境建设大会战,办好 24 件实事,时间紧,工作量大,任务艰巨,必须严密组织,精心谋划。整个边境建设大会战都要在各级党委、政府的统一领导下进行,各级政府负责组织实施。为加强对这项工作的具体领导,自治区成立边境建设大会战指挥部。边境各地、市、县(区)也要相应成立指挥部,负责大会战的具体组织协调工作。

明确责任,狠抓落实。这次边境建设大会战的具体组织以边境各地市为主。自治区和边境地、市各有关部门对边境建设大会战实行业务对口帮扶。各部门要根据自己的业务范围,加强对边境建设的业务技术指导。具体分工:公路建设由交通部门负责;村村通电由电力部门负责;乡村邮政所建设、村村通电话由电讯、邮政部门负责;村村通广播电视由广播电视部门负责;学校建设由教育部门负责;文化站建设由文化部门负责;卫生院、卫生室和计生服务站建设由卫生和计生部门负责;饮水问题包括乡镇自来水的建设,由水利部门负责;解决茅草房问题由扶贫办负责;乡镇规划和乡镇机关干部住房、村委会办公用房及农贸市场建设,由建设部门和工商部门负责。具体对口帮扶方案由大会战指挥部根据建设需要确定。

边境各地、市、县(区)党委、政府和区直各部门要根据上述意见,结合各自实际,研究制定相关措施并狠抓落实,坚决完成边境建设大会战的各项任务。

广西边境建设大会战实施方案

（2000 年 9 月 20 日）

为了贯彻落实自治区党委、自治区人民政府《关于加强广西边境建设的若干意见》（桂发［2000］18 号）文件精神，加快边境地区建设，自治区边境建设大会战指挥部在自治区有关部门和有关地、县调查、论证、衔接和充分研究的基础上，特制定如下边境建设大会战实施方案。

一、指导思想

以江泽民总书记"三个代表"的重要思想为指导，按照实施西部大开发战略的要求，从加强基础设施建设入手，集中人力、物力、财力，立足当前，着眼未来，轰轰烈烈、扎扎实实开展边境建设大会战，办好 24 件实事，突破制约经济和社会发展的薄弱环节，改善生产生活条件，为推进边境地区的开放、开发和加快发展创造良好的基础环境，为建设经济繁荣、边防巩固、人民富裕、民族团结的新边疆而奋斗。

二、边境建设大会战的实施方式

边境建设点多面广，任务艰巨。必须采取大会战的形式，在党委、政府的领导下，统一规划、统一指挥、统一组织、统一验收，各有关部门分工负责、密切配合、联合作战。具体组织实施方式如下：

（一）全面推行规范化建设

区直有关部门在调查研究的基础上，从广西边境实际出发，参照国家有关标准，着眼于当前需要与未来发展相结合，确定 24 个项目的建设标准。各县对照项目建设标准，在原有的基础上填平补齐，按适度超前的原则推行项目规范化建设。

（二）实行任务、资金、责任、权力四到县

自治区依据各县现状和项目建设标准的差距，确定各县 24 类项目的具体内容及规模，将建设任务落实到各县，以县为主完成项目建设任务。

自治区根据项目建设任务和单价，确定各县 24 类项目的资金规模，并将各类资金指标分配到县，各类资金按项目分期分批核拨、下达到县，由各县按项目安排、使用和管理资金。

在自治区和地市的统一组织领导下，在各业务部门负责规划、设计、质量监督的基础上，项目建设的责任要落实到县，以县为主，各县领导是 24 类项目建设的主要责任人，对项目的目标、任务、进度、质量负主要责任。

各类项目的计划、组织、实施和资金安排、使用的权力要落实到县，以县为基础。在自治区和地市的统一组织和有关部门的指导下，由各县按有关规定在本项目资金规模内确定、调整项目计划和资金使用计划。

（三）统一规划，分期投入，分批实施

各级各有关部门要在调查研究的基础上分别制定 24 类项目建设的统一规划和实施方案。经自治区确认批准后，指挥部下达项目建设投资汇总计划，分项目经自治区计委与业务主管部门进一步核定后逐个下达。自治区补助资金原则上分三批进行拨付，第一批于 2000 年 9 月底前拨付 2000 年项目自治区财政补助资金总额的 40% 作为启动资金，第二批待项目工程进度完成一半后拨付总金额的 40%，第三批待项目竣工验收合格后，拨付剩下的 20%，但招标工程要留足 5% 的承包款作为质量保证金，一年内未出现质量问题再拨给承包单位。各类项目的实施，要根据需要和准备情况，总体上按"先易后难、先急需后一般、先边境后内地的"原则，科学安排，分期

分批组织。

（四）先试点，再推广，后验收

在制定规划和实施方案的基础上，各县要分别选择若干个有代表性的项目进行试点，确保在 9 月中旬动工实施。项目试点要从工程设计、施工组织、群众发动、物资采购、工程管理、资金管理、质量保证等各方面积累和总结经验，明确项目实施的程序，为大范围推广和全面实施提供样板。各级有关部门要深入实地检查指导，解决试点工作遇到的困难和问题，并认真总结试点工作。试点取得成功后，要尽快全面推开，确保各类项目按期建成。对于完成工程，要及时组织验收，尽快交付使用。项目竣工验收先由县内自检，合格后报所在地市验收，地市验收合格后，由自治区组织有关人员抽查验收。2002 年春节后，全部项目都要完成竣工验收，发挥效益。

（五）集中全社会力量，坚持群众投工投劳与专业队伍施工相结合

要动员和集中多方力量，发动全社会支持参与边境建设。在资金投入上，要坚持自治区财政定量补助与部门投资、政策优惠相结合，各类项目不能留有资金缺口。在施工组织上，凡是群众投工投劳能解决的事情，要发动各级干部、广大群众、部队官兵、武警、民兵参与施工。对群众投工投劳，进行适当补贴。凡是技术性强的、可以招标的工程，要按有关规定实行公开招标，组织专业技术队伍施工。对于大宗的物资、设备，要实行政府统一采购。

三、关于各类项目的安排和组织实施

根据各级各部门的上报和自治区的平衡汇总，我区初步确定了边境建设的 24 个项目（具体的项目投资计划由自治区计委另行下文通知），总投资 19.20 亿元，其中自治区财政补助 2.98 亿元，部门配套 14.28 亿元，地县自筹（主要是投工投劳）1.94 亿元。各级各部门要科学组织，狠抓落实，切实做好 24 类项目的组织实施工作。

(一)交通项目

交通项目总投资 14.22 亿元,其中自治区财政补助 4000 万元,交通部门配套 12.07 亿元,群众投工投劳 1.75 亿元,计划新建、改造公路共 3673 公里。实施结束后边境公路总里程达 7600 多公里,其中三级路 1700 多公里,二级 370 多公里。

1. 改造 156 个村的道路 983 公里,实现村村通车。项目总投资为 5915 万元,原则上按照 1998—1999 年村级道路建设大会战建设的技术标准和工作方式来组织实施。

2. 建设 47 个乡镇的柏油路 975 公里,实现乡乡通油路。项目总投资 29247 万元,项目建设原则上以达到四级或接近四级公路为主,实行群众投工投劳和专业队伍施工相结合,由所涉及县的交通局负责实施管理。

3. 建设通边防站三级公路 54 公里,实现边防站通三级公路。项目总投资 1080 万元,原则上以旧路改造为主、以路面为主、以达到或接近达到三级公路为主,若旧路已铺油路的,原则上不安排改造,部分急弯、视线不良的路段,可适当改建。

4. 建设通边贸点三级公路 641 公里,实现边贸点通三级公路。以 1991 年自治区人民政府公布的 25 个边贸点为准。项目总投资 22446 万元,项目建设标准及实施要求与边防站公路相同。

5. 建设东兴至那坡横贯边境线的三级公路 747 公里。公路沿边境线建设,总投资 59800 万元,该项目要在今年 10 月中旬完成测量设计,路基在 2001 年 5 月全线贯通,2002 年 5 月实现油路通车。

6. 新建那坡、靖西、大新 3 个边境县二级公路 273 公里,项目总投资 23700 万元,全部由交通部门解决。

(二)教育项目

教育项目着眼于未来 15 年的发展需要,以《城镇普通中小学校建设标准》的基本指标和《农村中小学校建设标准》的近期指标为建设标准,进行边境学校规划,但这次大会战只考虑校舍建设部分,教学设备由各地各部门逐步解决。教育项目总投资 2 亿元,自治区财政补助 1.1 亿元,部门配套

0.9亿元。项目建设由教育部门参照我区世行贷款"贫困二"工程和国家贫困地区义务教育工程的组织实施办法来进行。

1. 边境县普通高中。8所高中现有学生8800人，生均校舍面积10.1平方米。据测算，未来在校学生规模应达2.2万人。计划建设8所县普通高中，建设面积44320平方米，总投资2500万元，项目建成后，按近期在校生1.2万人估算，生均校舍面积接近10.8平方米。

2. 乡镇初中。现有在校生8.9万人，生均校舍面积4.9平方米。需建乡镇初中99所163087平方米，总投资7148万元，项目建设后，按10万在校生计，生均校舍面积约达6平方米。

3. 乡镇中心小学。现有在校生4.4万人，生均校舍面积4.15平方米。需建96所58147平方米，总投资2533万元，项目建设后，按4.5万在校生计，生均校舍面积约达5.4平方米。

4. 村级完小。现有在校学生18.5万人，生均校舍面积4.6平方米。计划改造591个村完小，面积199994平方米，总投资7819万元。项目建成后，按16万在校生计，生均校舍面积约达5.6平方米。

（三）卫生项目

卫生项目的建设，总体上由县卫生局参照世行乡村卫生项目的实施管理办法来组织实施，卫生室设备由部门自行解决。

1. 乡镇卫生院。每个中心卫生院房屋建筑面积不少于1000平方米，普通乡镇卫生院建筑面积不少于400平方米。需建设乡镇卫生院71个，建设总面积26300平方米，总投资1315万元。设备由部门逐步解决。

2. 村卫生室。共建设874个村卫生室，每个村卫生室20平方米，建筑面积共17480平方米（与村委会办公室合建，土建工程由建设部门组织实施），总投资699万元。

（四）人畜饮水项目

1. 乡镇供水项目。建设44个乡镇所在地供水工程，规模为每日供水36056吨，项目总投资3284万元，其中自治区补助1000万元，部门自筹

2284 万元。供水标准:城镇居民及机关干部按每人每日 0.1 立方米计,周边农村用户按每人每日 0.05 立方米计,资金补助标准为:3000 人以下的乡镇供水工程,自治区每个补助 35 万元,缺水人数超过 3000 人的乡镇,每增加 1 个缺水人口补助 100 元。项目由水电部门组织实施。

2. 农村人畜饮水项目

建设农村人畜饮水工程 2303 处,解决 8.62 万人的饮水难问题,补助标准定为每人 180 元,日供水总量 86200 吨,全面解决边境地区人畜饮水难问题。项目总投资 3247.14 万元,其中自治区财政补助 500 万元,部门自筹1052 万元,地(市)县自筹 1695 万元。人畜饮水困难标准和工程组织、实施、验收方式参照 1998 年人畜饮水工程建设大会战进行。

(五)乡镇文化站建设

建设的标准是:2 万人以上每乡建 500 平方米,2 万人以下每乡建 400平方米。共新建 57 个文化站 21810 平方米,总投资 981.45 万元。

(六)乡镇邮电所改造

计划改造边境县 15 个乡镇邮电所,建设面积 6550 平方米,总投资 651万元,由部门自行筹措资金解决,组织实施。

(七)乡镇农贸市场

103 个乡镇农贸市场,其中新建 12322 平方米,单价为 400 元/平方米;维修 100846 平方米,单价为 50 元/平方米;项目总投资 997 万元。项目由建设部门设计并组织实施。

(八)乡镇机关干部宿舍

以机关干部为对象,按每户 25 平方米的标准,计划新建宿舍 99400 平方米,解决 3976 户乡镇机关干部的住房问题,项目总投资 4175 万元。项目由建设部门设计并组织实施。

（九）村村通电工程

新建127个村的通电工程,实现村村通电。项目总投资3465万元,其中,自治区水利厅负责那坡、靖西、龙州、大新、宁明五个县76个村,建设10KV线路233.8KM,0.4KV线路129.51KM,投资1385万元,广西电力有限公司负责凭祥、东兴、防城区51个村,新建10KV线路264.02KM,投资2080万元。

（十）村村通电话

新建153个村的通电话工程,总投资4915万元,广西电信公司筹资解决并组织实施。

（十一）村村通广播电视

新建边境8县卫星地面接收站2465个,总投资2726万元,新解决3078个边境自然屯40万群众看电视问题,实现边境线20公里以内的群众全部能收听广西一套广播、收看广西一套电视节目、中央一套电视节目。每个自然村屯补助落地设备及建站费共8880元。项目资金直接拨入自治区政府采购中心,由自治区政府采购中心统一采购设备,由自治区广电局统一调配运送,由各级广电局组织安装调试和管理。

（十二）村委会办公用房

建设798个村委会办公用房41319平方米,项目总投资1492万元,其中新建321个25680平方米,每平方米单价400元;维修477个15639平方米,每平方米单价200元。每村建80平方米(加上卫生室计生服务站各20平方米,共120平方米)。由建设部门负责设计和组织实施。

（十三）村计生服务站

建设1049个村计生站,每个20平方米,建设面积19040平方米(与村委会办公室合建),每平方米单价400元,总投资965万元,计生设备由部门解决。土建工程由建设部门组织。

（十四）贫困户茅草房改造

计划改造边境县当地群众居住茅草房 10000 户,受益人数 41748 人,改造总面积 50 万平方米,总投资 1000 万元,每户改造面积在 25—60 平方米之间,每户平均补助 1000 元。项目由自治区扶贫办参照 1998 年改造茅草房大会战组织实施。

四、强化措施,确保边境建设
大会战任务的胜利完成

边境建设大会战任务光荣而艰巨。各级各有关部门一定要高度重视,加大力度,强化措施,按时按质按量完成任务。

（一）层层成立大会战指挥部,切实加强领导

各级成立边境建设大会战指挥部,统一指挥、协调、组织大会战的各项工作,及时协调解决各种问题。要层层落实目标责任制,把任务分解落实到部门、到人,把各项工作落到实处,抓紧、抓实、抓细、抓好。

各级边境建设大会战指挥部要切实负起责任,经常深入现场组织指导,保证项目实施工作顺利开展。自治区指挥部的成员必须到达一半以上的边境乡镇,地、市、县指挥部也要经常深入乡村现场组织指挥各项工作。各级指挥部成员要以身作则,在项目进入实施阶段后,要深入项目建设现场,到工地上参加劳动 3 天以上,努力推动大会战的全面开展。

（二）严格技术标准,严肃工程纪律,严把工程质量关

各类项目必须按照《中华人民共和国建筑法》和工程建设管理规定以及工程设计方案组织实施。要落实技术和项目质量负责制,落实和培训各类项目的技术人员,由技术人员签订技术和质量责任状,分片包干指导和管

理各项施工。施工中要加强质量督促检查,竣工后要有验收,重大项目要组织阶段验收。

对各类项目建设需要购买的大宗设备及"三材"物资,要通过政府采购中心统一采购。各有关部门要精心计划,分期分批采购建设物资、设备,做到既不影响工程进度,又不致于过分集中采购造成物价上涨和项目建设成本增加。各地工商部门要加强监管,依法打击越边境建设之机哄抬物价或提供假伪劣商品等不法行为,为边境项目建设提供有利宽松的市场环境。

对于技术性强的工程,必须按规定进行公开招标、投标。二级路工程由自治区交通厅负责招、投标;三级路以下工程和其它项目建设工程由地(市)负责招、投标,坚决杜绝"人情工程"、"豆腐渣"工程,确保工程质量。要科学组织、科学施工,认真抓好安全生产、安全施工,坚决杜绝各类工程事故发生。

(三)下大力气抓好资金筹措和管理

边境建设大会战需要大量的资金投放。各地各有关部门要广开渠道,调动各方面的力量,千方百计筹措建设资金。今明两年,各部门要把边境项目作为支持重点,优先和加大投入。已经确定的配套资金,有关部门要制定具体的到位计划,确保按时到位。要抓住西部大开发的有利时机,积极向国家及有关部门反映我区边境建设的实际困难,争取国家对边境建设的更大支持。要严肃财经纪律,严格按照自治区财政厅制定的资金管理办法进行资金管理,做到专款专用,确保效益。不管是哪项资金,都要严格控制、严格管理,任何部门和个人都不得挪用和截留。凡挪用和截留的,一经发现,严肃处理。

(四)进一步组织动员广大干部、群众、部队投工投劳,参与边境建设大会战

各级党委、政府要深入群众,发动群众,做深入细致的组织动员工作,使边境建设大会战更加深入人心、家喻户晓。要最大范围地组织干部群众,充分调动干部群众的积极性,鼓励他们踊跃参战,千方百计投工投劳投料,发

挥主力军的作用。要大力弘扬军民共建的优良传统,认真组织各地部队、武警和民兵预备役人员参与边境建设,突击艰险艰巨工程和重点工程,真正做到党政军民齐动手,形成轰轰烈烈决战决胜的氛围。

(五)认真组织和抓好领导挂点、对口支援、单位包村、干部帮扶到户工作

各级有关领导和部门负责人在做好会战总体组织协调的同时,要具体分工挂点联系若干乡镇项目建设工作。每个乡镇都必须有一名县领导挂点指导和督战,每个有任务的村都要有县或乡镇单位挂钩帮扶,每个贫困户都要有干部帮扶到户。各级农村扶贫工作队要把边境建设大会战作为一项重要的工作任务,积极协助、配合当地党委、政府抓好项目组织实施。要广泛发动较发达城市对口支援边境县当地群众对居住的茅草房的改造,具体的安排是:南宁市对口帮扶宁明、龙州县,桂林市对口帮扶那坡县,柳州市对口帮扶靖西县,玉林市对口帮扶大新县,确保边境地区消灭贫困户茅草房任务的完成。要广泛动员各级各有关部门在业务范围内大力支持边境地区建设,积极引导、鼓励产业界、实业界和全社会参与,为边境建设作出应有的贡献。

(六)必须坚持实事求是,严防弄虚作假

边境建设项目实施过程涉及到诸多项目建设规划、资金拨付、物资采购和进度统计等问题。各地各有关部门一定要认真贯彻执行国家颁布的《中华人民共和国统计法》及其实施细则,坚持报实情,讲实话,求实效。要认真核查各种统计数据,力求做到准确无误,如实上报,不得弄虚作假,凡是自治区核查得到的项目数据同各县上报数据不相符的,要按比例对全县该项目的资金规模进行扣减。对于虚报统计数字骗取补助资金、造成损失和恶劣影响的,还要对当事人和有关领导给予通报和处分。

(七)加大宣传和督查力度,扎扎实实推进边境建设大会战

各级新闻、宣传部门要充分利用广播、电视、报刊、宣传画、宣传车、墙报等方式,设置专版、专栏突出宣传边境建设大会战的先进经验和先进典型,特别宣传各地各部门和广大干部、群众、部队积极参与项目实施的先进典型和情况,推进大会战深入开展。

有关地市及县(市、区)党委、政府、人大、政协以及有关部门要派出人员,切实加强边境建设的督促检查工作,做到领导督查和专业督查相结合,定期督查和不定期督查相结合。各类建设项目要以适当的方式向社会公布,以便群众监督。

各级边境建设指挥部和有关部门要对边境建设实行动态监测和管理。自治区要制定统一的项目进度、资金使用情况统计表,各地各部门每月要向自治区指挥部汇报一次。自治区指挥部每月对各部门、各地县的工作进展和资金使用情况通报一次,表扬先进,批评落后,使边境地区建设大会战卓有成效地开展。

广西兴边富民行动
基础设施建设大会战实施方案

（2008 年 6 月 23 日）

为贯彻落实《国务院办公厅关于印发兴边富民行动"十一五"规划的通知》（国办发〔2007〕43 号）精神，尽快解决防城港市防城区和东兴市、靖西县、那坡县、宁明县、龙州县、大新县、凭祥市八个边境县（市、区）（以下简称边境八县）边境村屯基础设施落后面貌，改善边境地区群众的生产生活条件，推进富裕文明和谐新广西建设，自治区党委、自治区人民政府决定在 2008 年集中人力、物力、财力，在边境八县离边境线 3 公里范围内的村屯实施兴边富民行动基础设施建设大会战，并列为 2008 年为民办的十件实事之一。为此，特制定本实施方案。

一、充分认识兴边富民行动基础设施建设大会战的重要意义

边境八县总面积 17952 平方公里，占全区总面积的 7.5%，与越南的 4 个省 17 个县毗邻，陆地边境线长 1020 公里；2006 年末总人口为 243 万人，其中少数民族人口占总人口的 81%。边境八县中，靖西县、那坡县、龙州县为国家扶贫开发工作重点县，防城港市防城区和宁明县、大新县、凭祥市为自治区扶贫开发工作重点县。

实施《国务院关于印发国家八七扶贫攻坚计划的通知》（国发〔1994〕30 号）以来，特别是实施《国务院关于印发中国农村扶贫开发纲要（2001—

2010 年)的通知》(国发[2001]23 号)以来,中央和自治区进一步加大扶持力度,使边境地区贫困群众的生产生活条件及生态环境得到初步改善。但由于边境八县自然条件差,经济基础薄弱,起步低且晚,加上边境线长,长期处在战争前沿,国家建设投资少,边境地区的经济社会发展仍然比较落后。边境八县离边境线 3 公里范围内地区贫困发生率高达 36%,高出全区平均水平 29.2 个百分点,且贫困程度深,有 8000 多户边民居住的仍然是危房或茅草房,有 10 多万人饮水不安全,社会事业发展滞后。

边境地区是一种特殊的贫困类型。边境地区扶贫工作不但关系到边境地区经济能否加快发展、贫困群众能否尽快脱贫致富奔小康、全面建设小康社会的目标能否如期实现,而且关系到边防巩固和民族团结,关系到国家形象。要从根本上解决边境地区的落后问题,关键是要改变边境地区基础设施、公共设施落后状况,为边境地区和边民创造一个良好的发展环境。如果采取常规做法,难以在较短的时间内全面提升边境地区的基础设施和公共设施档次,因此必须以大会战的方式,集中力量、集中资金、集中时间进行综合治理。各级各有关部门必须从贯彻落实科学发展观、坚持执政为民、促进区域协调发展及民族团结、建设富裕文明和谐新广西、巩固国防的高度,充分认识开展兴边富民行动基础设施建设大会战的重要意义,切实增强历史责任感和时代紧迫感,扎实开展兴边富民行动基础设施建设大会战,确保各项任务的完成,让边境八县的边民共享改革发展成果。

二、兴边富民行动基础设施建设大会战目标
　　以及项目安排、建设内容和投资计划

(一)建设目标

兴边富民行动基础设施建设大会战的基本目标是:通过大会战对边境地区进行综合治理,使边境八县离边境线 3 公里范围内村屯的基础设施、公共设施明显改善,达到全区中上水平,为边民脱贫致富、建设小康社会打下坚实基础。具体目标是:建制村通等级公路,20 户以上、边民居住比较集中

的自然屯基本通屯级道路;基本解决边民饮水安全问题;沼气池入户率40%以上,沼气服务网点建设达标;基本解决边民用电问题;改造危房和茅草房,使边民住上稳固的住房;按"普九"的要求建设、维修校舍;加强边境乡(镇)卫生院、村卫生室建设,达到乡乡有合格卫生院、村村有合格卫生室的要求;基本实现屯屯通广播电视,边民能收听收看到中央台和自治区台的广播电视节目;进一步完善口岸基础设施,提升国门形象,促进贸易发展。

(二)项目安排、建设内容和投资计划

从解决边民最关心、最直接、最现实的利益问题入手,兴边富民行动基础设施建设大会战计划安排 10 类 14053 个项目,总投资 45638 万元。具体如下:

1. 交通项目 382 个。计划建设建制村通村公路 26 条、村屯道路 356 条。项目投资 7972 万元。

2. 饮水项目 410 个。计划建设饮水安全工程项目 265 个、人畜饮水工程项目 145 个,分别投资 2999.4 万元、1042 万元,解决饮水不安全及饮水困难人口 10.1 万人。项目投资 4041.4 万元。

3. 电力项目 179 个。计划建设 110 千伏及以下电网,解决广西电网公司所属防城港市防城区和东兴市、凭祥市的供电瓶颈问题,以及采用电网延伸方式解决广西水利电业集团公司所属那坡县、龙州县 638 户的用电问题。项目投资 4927.6 万元。

4. 沼气池项目 4383 个。计划建设沼气池 4270 座、沼气池服务网点 113 个。项目投资 823 万元。

5. 危房和茅草房改造项目 8162 个。计划改造危房和茅草房 8162 户。项目投资 8162 万元。

6. 卫生项目 45 个。计划新建、改建、扩建乡(镇)卫生院业务用房 3.2 万平方米。项目投资 2596 万元。

7. 边境口岸项目 9 个。计划新建、改建 9 个口岸基础设施并购置相关设备。项目投资 7219 万元。

8. 教育项目 106 个。按照"普九"要求,计划建设、维修校舍 3.4 万平

方米。项目投资 2700 万元。

9. 广播电视项目 164 个。计划续建乡（镇）广播电视无线覆盖工程 22 个、新建无线覆盖工程远程监控项目 22 个、续建有线电视联网村村通广播电视覆盖工程 120 个。项目投资 576 万元。

10. 边民聚居点基础设施项目 213 个。计划在边民聚居点建设道路、饮水设施、供电线路、村民委员会办公用房等。项目投资 6621 万元。

三、精心组织，高效有序地开展兴边
富民行动基础设施建设大会战

兴边富民行动基础设施建设大会战项目点多面广、任务繁重、时间紧迫，各级各有关部门一定要深入实际，加强协调，严格把关，高效实施，科学管理，确保大会战各项任务顺利完成。

（一）统一指挥，统一规划，分项实施

兴边富民行动基础设施建设大会战工作分 3 个阶段推进。2008 年 6 月底前为前期准备阶段，各级各有关部门要按基建程序完成项目的立项、可研、设计、审批等工作，部分项目开工建设；2008 年 7 月至 12 月 11 日前为项目实施阶段，要全面完成项目的建设任务；2008 年 12 月 12 日至 2009 年 1 月底为项目验收阶段，要完成全部项目的验收工作。

自治区人民政府已成立自治区兴边富民行动基础设施建设大会战指挥部（以下简称自治区指挥部），指挥部下设办公室、项目协调组、资金协调组，办公室设在自治区扶贫办，项目协调组设在自治区发展改革委，资金协调组设在自治区财政厅。在自治区党委、自治区人民政府的领导下，兴边富民行动基础设施建设大会战由自治区指挥部统一指挥。各级各有关部门要相应成立本地区、本单位指挥部及项目建设办公室，统筹安排和组织协调本地区、本单位大会战的各项工作。自治区指挥部重点做好总体规划和协调，防城港市、百色市、崇左市指挥部重点做好督促检查和指导，边境八县指挥

部重点抓好项目组织实施。

自治区各有关部门要在本实施方案的基础上,与有关市、县(市、区)衔接具体建设项目,制定部门项目实施方案,并报自治区指挥部办公室。项目计划和项目资金由自治区发展改革委、财政厅分别下达。各级各有关部门要采用倒计时的方式组织安排各项工作,加强协调,逐项落实。

(二)明确责任,分工负责,密切配合

兴边富民行动基础设施建设大会战在自治区指挥部的统一领导下,实行部门负责制。自治区交通厅负责通建制村的等级公路建设,自治区扶贫办负责危房、茅草房改造及防城港市防城区和东兴市、宁明县、大新县、凭祥市的通屯道路建设,自治区发展改革委负责靖西县、那坡县、龙州县的通屯道路及边民聚居点基础设施项目建设,自治区水利厅、民委负责饮水项目和靖西县、那坡县、宁明县、龙州县、大新县的电力项目建设,广西电网公司负责防城港市防城区和东兴市、凭祥市的电力项目建设,自治区林业局负责沼气池项目建设,自治区教育厅负责教育项目建设,自治区卫生厅负责卫生项目建设,自治区广电局负责广电项目建设,自治区口岸办负责边境口岸项目建设。

自治区各有关部门要明确责任,大力支持、积极参与兴边富民行动基础设施建设大会战。发展改革部门要做好项目计划的协调、下达及执行检查;财政部门要做好资金的筹集、下达、管理和检查;扶贫部门要做好指挥部办公室的日常工作,加强调查研究、综合协调和督促检查,及时反馈和解决大会战建设中出现的各种问题;项目建设部门要根据兴边富民行动基础设施建设大会战的建设目标,进一步做好项目对接,并制定本部门项目实施方案和验收办法,落实部门资金,加强技术服务、检查指导和组织项目验收,确保如期完成目标任务;国土资源、环保、工商、税务等部门要根据有关规定,结合大会战实际,按特事特办原则,主动沟通,认真研究制定相关用地、税费、环保等方面的优惠政策,及时办理有关手续;监察、审计部门要加强大会战资金的监督使用;宣传部门要组织好大会战的宣传报道;其他有关部门也要密切配合,积极为兴边富民行动基础设施建设作出贡献。

（三）以县（市、区）为基本责任单位，全面推行项目规范化建设和质量标准化管理

除等级公路等大型项目由项目业主和项目所在地人民政府按有关规定承担相应责任外，兴边富民行动基础设施建设大会战以县（市、区）为基本责任单位。一是项目建设任务落实到有关县（市、区）。自治区根据大会战的总体要求和边境八县实际情况，确定边境八县各类项目建设的具体内容和规模，将项目建设任务分解落实到有关县（市、区），以县（市、区）为基本单位进行建设。二是项目建设资金下达到有关县（市、区）。除明文规定由自治区有关部门组织实施的项目外，自治区根据各有关县（市、区）项目建设任务，按工程造价将补助资金指标分配落实到有关县（市、区），由各有关县（市、区）按项目管理和使用大会战资金。三是项目建设责任明确到有关县（市、区）。在自治区和防城港市、百色市、崇左市指挥部的统一组织领导和各有关部门负责规划、设计、质量监督的基础上，将项目建设的责任落实到有关县（市、区），除自治区有关部门直接实施的项目外，各有关县（市、区）人民政府主要负责人是大会战建设项目的第一责任人，对项目建设的进度、质量、安全、资金管理使用和目标实现负主要责任。各有关县（市、区）要进一步将责任分解落实到部门、到单位、到个人，做到任务明确、责任清楚、奖罚分明。

要按"制定规划→项目计划审批下达→试点实施→全面实施→验收→使用管理"的步骤，积极稳妥地推进大会战项目建设。各有关县（市、区）要选择若干个有代表性的项目进行试点，从工程设计、施工组织、群众发动、物资采购、工程管理、资金管理、质量保证等方面总结经验，明确项目实施程序，为项目全面实施提供样板。试点取得成功后及时全面推开。对已完工的项目，要及时组织验收，尽快交付使用。项目竣工并经有关县（市、区）自检合格后，报所在市的有关部门验收；自治区有关部门要及时组织抽查验收。

要采取多种方式推进大会战项目实施，对于等级公路、桥梁、建筑等工程，按《中华人民共和国招标投标法》有关规定选择工程队施工；对饮水、沼气池、危房和茅草房改造等项目，采取群众投工投劳和专业技术人员指导相结合的方式建设。对于项目建设中大批量物资的采购,要按规定实行公开招投标。工程、物资招标投标工作必须做到公开、公平、公正,杜绝"人情工程",杜绝转包和违法分包现象。要严格按照有关规定以及工程设计方案组织实施,实行工程质量终身负责制,加强质量监督检查,严格执行技术标准。要认真抓好安全生产、安全施工,杜绝各类工程事故发生。在确保工程质量的同时,千方百计加快项目实施进度。

(四)多方筹资,渠道不乱,专款专用

兴边富民行动基础设施建设大会战资金来源计划为:中央专项资金13484万元,部门专项资金5884.4万元,自治区财政专项资金21934万元,银行贷款3679.6万元,地方自筹656万元。要坚持自治区财政定量补助与部门投资、争取中央支持、广泛募集社会资金和实行优惠政策相结合,多渠道筹集项目资金。各有关市、县(市、区)人民政府要积极解决本地区指挥部工作经费、项目前期工作经费,负责做好群众工作,解决基础设施建设征地、拆迁等问题。

自治区有关部门要尽快制定大会战《项目管理办法》和《资金管理办法》。各级各有关部门按有关管理办法的要求,切实加强项目和资金管理。各有关部门要及时下达资金,保证专款专用。要严肃财经纪律,任何单位和个人都不得挤占、挪用和截留大会战资金。凡挤占、挪用或截留大会战资金的,一经发现,要严肃处理。

(五)制定优惠政策,动员社会各界支持参与大会战

兴边富民行动基础设施建设大会战涉及到方方面面,要研究制定一系列优惠政策。各有关部门要以讲政治、讲大局的强烈责任感和对边境地区贫困群众的深厚感情,及时研究制定项目建设涉及的征地、土地调整、拆迁、税收、设计等方面的优惠政策,尽可能减免各种税费,优先办理有关手续。要充分发动各级干部、广大群众、部队官兵、民兵参与项目建设,积极引导、鼓励社会各界参与兴边富民行动基础设施建设大会战。

（六）强化督查和激励措施，真抓实干，务求实效

各级指挥部和各有关部门要组织项目建设督查组，定期或不定期深入项目建设现场督查，推动大会战项目顺利实施。各有关市、县（市、区）指挥部成员和有关部门负责人要具体分工挂点联系一个乡（镇）或一两个骨干项目，及时发现和解决存在问题。大会战项目建设的内容、规模、投资等要在县（市、区）、乡（镇）、村（屯）内公示，接受群众监督。加强对大会战项目实施情况的动态监测，各级各有关部门每个月要如实、准确填报自治区统一制定的项目建设进度和资金使用情况统计表。建立激励机制，实行奖励措施。自治区指挥部办公室每月要对项目建设和资金使用情况进行一次通报。对千方百计筹措大会战项目资金、工作进度快、工程质量高、资金管理好、作风深入、群众特别满意的单位或个人，要通报表彰；对工作拖拉、弄虚作假、资金管理混乱、不能按时完成任务或项目建设质量差的单位或个人，要通报批评，情节严重的要按有关规定给予处分。自治区指挥部办公室要通过编写大会战简报等形式，及时总结、推广各地各有关部门在实践中创造的行之有效的新经验。各级宣传部门要充分利用各种新闻媒体，采取多种形式大力宣传自治区党委、自治区人民政府关于开展兴边富民行动基础设施建设大会战的重大决策，宣传大会战的工作成绩、进展和经验，宣传各地各有关部门和广大干部群众参与大会战的先进事迹，为大会战的实施营造良好环境。

广西边境 3—20 公里兴边富民行动
基础设施建设大会战实施方案

（2009 年 7 月 27 日）

为进一步改善边境一线群众的生产生活条件，自治区党委、自治区人民政府决定继续集中人力、物力、财力，开展边境 3—20 公里兴边富民行动基础设施建设大会战（以下简称大会战），并列为 2009 年自治区人民政府为民办 10 件实事之一。为确保大会战各项目标任务如期实现，特制定本实施方案。

一、范围、目标和时间

大会战交通、饮水、电力、沼气池、土地开垦整理、卫生、教育、广播电视项目的范围为防城港市防城区、东兴市、靖西县、那坡县、宁明县、龙州县、大新县、凭祥市以及享受边境县待遇的天等县、德保县（以下简称边境县）离边境线 3—20 公里范围内的村屯。大会战茅草、危、树皮房（以下简称茅草房）改造项目的范围为边境县离边境线 0—20 公里范围内的村屯，包括《广西壮族自治区人民政府办公厅关于印发 2009 年自治区人民政府为民办实事工作方案的通知》（桂政办发［2009］18 号）确定的改造边境县树皮房 4500 户。

大会战的主要目标是：重点解决村屯道路、饮水、茅草房改造、用电、沼气池、耕地开垦整理、卫生、教育、广播电视等群众最关心、最直接、最迫切的问题。通过大会战，使建设区内的建制村全部通标准四级公路；防城港市防城区、东兴市、宁明县、大新县、凭祥市 20 户以上村屯基本通屯级路,其余县启动通屯道路项目;全部解决居民饮水难和饮水安全问题;全部改造 0—20 公里范围内村屯的茅草房;全部解决边民用电问题;沼气入户率达 40% 以上;按土地整理标准整理土地;加强乡镇卫生院建设,建设 50 个标准化村卫生室;按"普九"要求建设、维修校舍;屯屯通广播电视。

大会战的时间为 2009—2010 年。其中:2009 年 8 月底前为项目前期准备阶段,9 月份开始实施,2010 年底前完成。

二、项目和资金计划

项目计划 9 类 47381 个,总投资 117368.3 万元。总投资中,中央专项资金 27744.5 万元,部门资金 46629.9 万元,自治区财政补助资金 28004.5 万元,市县两级财政补助资金 13004.5 万元(茅草房改造项目),其他资金 1984.9 万元。项目和资金计划安排如下:

(一)交通项目 624 个。计划建设建制村通村标准四级公路 30 条、通屯道路 594 条,项目投资 19582 万元,其中:中央专项资金 3862 万元,部门资金 6600 万元,自治区财政补助资金 9120 万元。

(二)饮水项目 514 个。计划建设饮水安全工程项目 380 个、人畜饮水工程项目 134 个,项目投资 9069.4 万元,其中:中央专项资金 4199 万元,部门资金 2747 万元,自治区财政补助资金 2000 万元,其他资金 123.4 万元。

(三)茅草房改造项目 26009 个。计划补助投资 39013.5 万元,其中:中央专项补助资金 13004.5 万元,自治区财政补助资金 13004.5 万元,市县两级财政补助资金 13004.5 万元。

(四)电力项目 21 个。计划建设宁明 110KV 北江变电站及输变电工程,8 个县(市、区)村屯通电项目,项目投资 3414.4 万元,其中:部门资金 3082.9 万元,其他资金 331.5 万元。

(五)沼气池项目 20000 个。计划建设沼气池 19949 座,沼气池服务网点 43 个,县级沼气服务中心 8 个,项目补助投资 4100 万元,其中:中央专项资金补助 3000 万元,自治区财政补助资金 1100 万元。

(六)土地开垦整理项目 129 个,建设规模 8050 公顷,资金投入 30329 万元,其中:开垦项目 114 个,建设规模 3850 公顷,自治区耕地开垦费资金投入 15600 万元;土地整理项目 15 个,建设规模 4200 公顷,自治区新增建设用地土地有偿使用费投入 14729 万元。

(七)卫生项目 62 个。计划新建、改建、扩建乡(镇)卫生院业务用房 30800 平方米,新建村卫生室 50 个,项目投资 5560 万元,其中:中央专项资金 3550 万元,自治区财政补助资金 480 万元,其他资金 1530 万元。

(八)教育项目 17 个。按照"普九"的要求,计划建设、维修校舍 17680 平方米,项目投资 1800 万元,其中:部门资金 1000 万元,自治区财政补助资金 800 万元。

(九)广播电视项目 5 个。计划续建乡(镇)广播电视有线、无线覆盖、直播工程 3 个,新建广播电视节目采编播设备更新项目 1 个,更新安全播出前端机房建设项目 1 个,项目投资 4500 万元,其中:部门资金 3000 万元,自治区财政补助资金 1500 万元。

三、主要保障措施

大会战项目点多面广、任务繁重、时间紧迫,各级和各有关部门要认真总结实施边境 0—3 公里兴边富民行动基础设施建设大会战的成功经验,科学管理,确保按质按量如期完成大会战的各项任务。

(一)加强领导

本次大会战是边境兴边富民行动基础设施建设大会战的第二个"战役",仍由自治区和防城港市防城区、东兴市、靖西县、那坡县、宁明县、龙州县、大新县、凭祥市及其所在市兴边富民行动基础设施建设大会战指挥部具体负责管理实施;天等县、德保县要参照上述县(市、区)的做法,成立兴边富民行动基础设施建设大会战指挥部,负责本县大会战实施工作。自治区兴边富民行动基础设施建设大会战指挥部办公室设在自治区扶贫办,项目协调组设在自治区发展改革委,资金协调组设在自治区财政厅。各级和各有关部门要根据工作需要,建立健全本地区、本单位指挥机构、工作机构,统筹安排和组织协调本地区、本单位大会战的各项工作。

(二)明确责任

1. 自治区项目主管部门责任。大会战在自治区兴边富民行动基础设施建设大会战指挥部的统一指挥下,实行部门负责制。通村级标准四级公路建设项目由自治区交通厅负责;通屯级路建设项目由自治区发展改革委、扶贫办负责;人畜饮水和安全饮水建设项目由自治区水利厅、民委负责;茅草房改造项目由自治区建设厅负责;通电建设项目由广西水利电业公司和广西电网公司负责;沼气池建设项目由自治区林业局负责;土地整理建设项目由自治区发展改革委、国土资源厅负责;卫生建设项目由自治区卫生厅负责;教育建设项目由自治区教育厅负责;广播电视建设项目由自治区广电局负责。以上项目建设主管部门要根据本实施方案,制定本部门项目实施方案和验收办法,并将本部门的具体项目和投资计划分别送自治区兴边富民行动基础设施建设大会战指挥部办公室和自治区发展改革委、财政厅。项目实施中,要落实好并及时下达部门资金,加强技术服务、检查指导和组织项目验收,确保如期完成目标任务。

2. 自治区协调服务部门责任。自治区发展改革委要做好项目计划的协调、下达及执行检查;自治区财政厅要做好资金的筹集、下达、管理和检查;自治区扶贫办要做好自治区兴边富民行动基础设施建设大会战指挥部办公室的日常工作,加强调查研究、综合协调和督促检查,及时反馈和协调解决大会战建设中出现的各种问题;自治区国土资源、环保、工商、税务等部门要根据有关规定,结合大会战实际,按特事特办的原则,主动沟通,认真研究制定相关用地、环保、税费等方面的优惠政策,及时办理有关手续;自治区监察、审计部门要加强大会战资金的使用监督和审计;自治区宣传部门要组织好大会战的宣传报道。自治区其他有关部门也要密切配合,积极为大会战作出贡献。

3. 市、县(市、区)责任。防城港市、百色市、崇左市人民政府主要负责督促检查和指导本市大会战工作,协调解决本市兴边富民行动基础设施建设大会战指挥部的工作经费、项目前期工作经费和基础设施建设用地等问题。项目县(市、区)人民政府主要负责抓好本地区项目的组织实施工作。各县(市、区)人民政府主要负责人是大会战建设项目的第一责任人,对项目建设的进度、质量、安全、资金管理使用和目标实现负主要责任。各县(市、区)人民政府要将责任分解落实到部门、到单位、到乡(镇)、到个人,并采取倒计时的工作方式进行管理,做到任务明确、责任清楚、奖罚分明,积极稳妥地推进大会战项目建设。各县(市、区)兴边富民行动基础设施建设大会战指挥部的工作经费、本县项目前期工作经费、项目建设用地等由各县(市、区)负责解决。

(三)强化管理

1. 项目管理。项目管理办法按《兴边富民行动基础设施建设大会战项目管理办法》执行。各县(市、区)要严格按《兴边富民行动基础设施建设大会战项目管理办法》加强对项目的管理。对已完工的项目,要及时组织验收,尽快交付使用。项目竣工并经有关县(市、区)自检合格后,报所在市的有关部门验收;自治区有关部门要及时组织抽查验收。要采取多种方式推进大会战项目实施,对于等级公路、桥梁、建筑等工程,要按《中华人民共和国招标投标法》有关规定选择工程队施工;对饮水、茅草房改造、沼气池、屯级路等项目,采取群众投工投劳和专业技术人员指导相结合的方式建设。对于项目建设中大批量物资的采购,要按规定实行公开招投标。工程、物资招标投标工作必须做到公开、公平、公正,杜绝"人情工程",杜绝转包和违法分包现象。要严格按照有关规定以及工程设计方案组织实施,实行工程质量终身负责制,加强质量监督检查,严格执行技术标准。要认真抓好安全生产、安全施工,杜绝各类工程事故发生。在确保工程质量的同时,千方百计加快项目实施进度。

2. 资金管理。资金管理办法按《兴边富民行动基础设施建设大会战资金管理办法》执行。大会战资金来源于多渠道,各县(市、区)要严格按照

《兴边富民行动基础设施建设大会战资金管理办法》的要求,切实加强资金管理。要严肃财经纪律,任何单位和个人都不得挤占、挪用和截留大会战资金。凡挤占、挪用和截留大会战资金的,一经发现,要严肃处理。

(四)搞好督查

各级兴边富民行动基础设施建设大会战指挥部和各有关部门要组织项目建设督查组,定期或不定期深入项目建设现场督查,推动大会战项目顺利实施。各有关市、县(市、区)兴边富民行动基础设施建设大会战指挥部成员和有关部门负责人要具体分工挂点联系一个乡(镇)或 1—2 个骨干项目,及时发现和解决存在的问题。大会战项目建设的内容、规模、投资等要在县(市、区)、乡(镇)、村(屯)内公示,接受群众监督。要加强对大会战项目实施情况的动态监测,各级各有关部门每个月要如实、准确填报自治区统一制定的项目建设进度和资金到位、使用情况统计表。自治区兴边富民行动基础设施建设大会战指挥部办公室每月要对项目建设和资金使用情况进行一次通报。对工作进度快、工程质量高、资金管理好以及作风深入、群众特别满意的单位和个人,要通报表彰;对工作拖拉、弄虚作假、资金管理混乱、不能按时完成任务以及项目建设质量差的单位和个人,要通报批评,情节严重的要按有关规定给予处分。自治区兴边富民行动基础设施建设大会战指挥部办公室要通过编写大会战简报等形式,及时总结、推广各地各有关部门在实践中创造的行之有效的新经验。

责任编辑:于宏雷
封面设计:徐 晖
版式设计:程凤琴

图书在版编目(CIP)数据

守望边疆教育:广西边境民族地区教育质量保障与特色发展研究/钟海青
　高枫 等著. −北京:人民出版社,2011.9
ISBN 978 − 7 − 01 − 010179 − 8

Ⅰ.①守⋯　Ⅱ.①钟⋯　Ⅲ.①少数民族教育−教育质量−研究−广西②少数
　民族教育−发展−研究−广西　Ⅳ.①G759.2

中国版本图书馆 CIP 数据核字(2011)第 165343 号

守望边疆教育:

SHOUWANG BIANJIANG JIAOYU

广西边境民族地区教育质量保障与特色发展研究

钟海青　高 枫　等著

人民出版社 出版发行
(100706　北京朝阳门内大街 166 号)

北京集惠印刷有限责任公司印刷　新华书店经销

2011 年 9 月第 1 版　2011 年 9 月北京第 1 次印刷
开本:710 毫米×1000 毫米 1/16　印张:13.75
字数:200 千字　印数:0,001−3,000 册

ISBN 978 − 7 − 01 − 010179 − 8　定价:33.00 元

邮购地址 100706　北京朝阳门内大街 166 号
人民东方图书销售中心　电话 (010)65250042　65289539